모든 비즈니스는 창업이다

장기민

지음

박영사

머리말
preface

창업이라는 개념에 대해 기존과는 조금 다른 접근을 해보고 싶었다. 보통 창업이라고 말을 하면 취업과 대립 선상에 있는 반대의 개념으로 이해하기가 쉽다. 따라서 전통적인 '업業'의 개념이 아닌 생활의 측면에서 창업을 생각하고 또 새로운 시각에서 분석해가며 연구하기를 시작했다.

여러 연구들을 해보니 창업이 육아의 모습과 매우 비슷하다는 새로운 특성의 확인을 비롯해 응급실과도 닮아있다는 등의 재미있는 결과들을 얻을 수 있었다. 이 책은 그동안 막연하게만 여기던 '창업'의 개념을 조금 더 쉽고 재미있게 설명하도록 노력하며 집필했고 또 그렇게 완성해냈다.

대학에서 창업에 대한 강의를 진행하면서 느낀 건 학생들이 창업에 대해 갖고 있는 호기심, 의욕과 대비해 우리의 사회적 여건, 또는 시선들이 그다지 좋지 못하다는 점이었다. 그러한 이유 때문인지 안정적인 생활이 보장될 것만 같은 취업에 대한 수요가 학생들을 대상으로 더 높게 나타나고 있으며, 반드시 큰 위험을 감수해야만 할 것 같아 보이는 창업에 대해선 깊게 고려하지 않고 있다는 결과가 나오기도 한다.

그렇게 부담스러운 모습으로 존재하고 있는 '창업'이라는 그림의 퍼즐을 이 책에선 모두 깨부수어 여러 조각으로 분해한 뒤 다시 새로운 개념의 '창업'이라는 퍼즐을 한 조각 한 조각 맞추어 간다. 이 책을 읽기 전 기존까지 갖고 있던 창업에 대한 막막함은 잠시 내려놔도 괜찮을 듯하다.

　필자가 대학에서 창업에 대해 강의하고 있는 내용을 한 권의 책으로 집필했다. 수강생뿐 아니라 더 많은 사람들에게 실질적인 도움을 제공해 주고 싶었기 때문이다. 이 책은 필자의 강의 내용을 담고 있지만 창업에 관한 핵심적 이론의 프레임을 벗어나지 않도록 기획되었고 또 그렇게 완성되었다.

　창업에 관한 학문적 이론서는 매우 많다. 하지만 창업을 '학문'이 아닌 '실전'으로 인식하고 받아들여야만 하는 예비창업자들의 입장에서 생각해 볼 때 20세기의 어떤 사람이 어떤 말을 했다는 이론적 내용의 답습은 기대보다 그렇게 중요하지 않을 수도 있다는 생각이 들었다. 차라리 현생활에 바로 적용될 수 있는 실용적인 한 문장이 지금 세대의 창업에 더좋은 도움을 줄 수 있지 않겠나 하는 생각을 했다.

　모쪼록 이 책을 읽는 독자들에게 새로운 기회와 남다른 시각이 허락될 수 있기를 간절히 바란다.

저자 장기민

차례
Contents

CHAPTER

01

창업의 정의

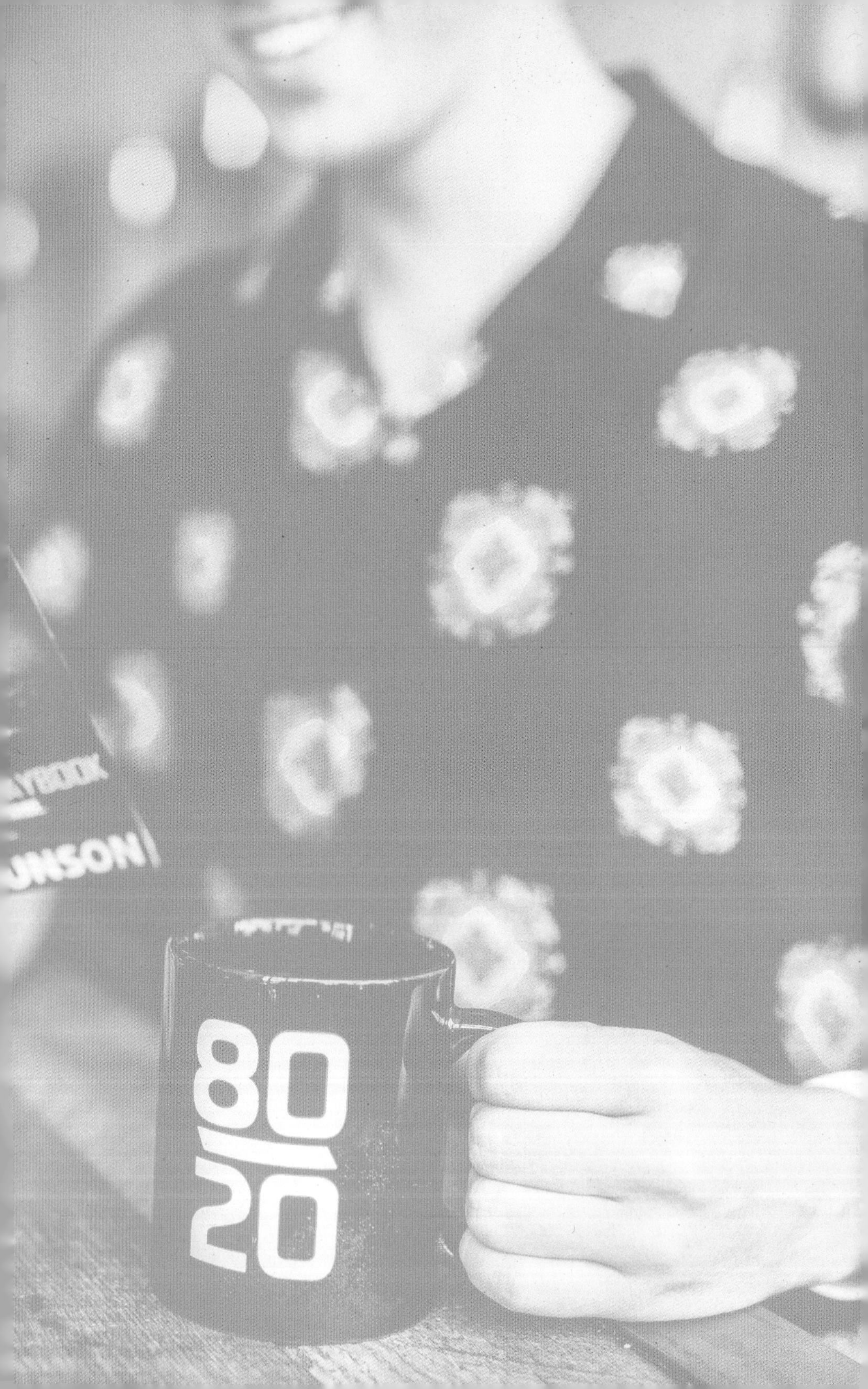
80/20

●●● 창업은
문제의 해결을 의미한다

우리는 보통 '창업'이라는 단어를 접하면 그 해석에 있어 단순히 가게를 개업하는 것쯤으로만 정의 내리려 한다. 이는 좁은 의미의 창업에 대한 해석이다. 국어사전에서 정의하는 창업創業은 1. 나라나 왕조를 처음으로 세우거나 2. 사업을 처음으로 이루어 시작한다는 뜻을 담고 있는데 여기서 '창업'이라는 단어에 사용된 창創은 '창의성'이라는 단어의 그것과 동일하다.

'창의적'이라는 표현은 기존의 지식이나 경험을 바탕으로 새롭고 가치 있는 결과물을 만들어내는 어떤 행위를 뜻하는데 보통 새롭거나 가치가 있으려면 기존에 존재하고 있던 문제를 해결하거나 처한 갈급을 해소해야만 한다.

결국 '창업創業'은 기존에 존재하던 문제를 해결하려는 더 나은 대책이 마련되었을 때 이를 세상에 알리는 행위라 새롭게 정의할 수 있겠다. 창업가는 문제를 해결하는 사람이고, 창업 활동의 과제와 결과물은 모두 '아이디어Idea'가 된다.

뒷 부분에서 더 자세히 설명하겠지만, 떠오르는 아이디어를 잘 가공하고 이를 잘 다루어 포장한다면 이는 문제를 해결해내는 과정인 '창업'의 멋진 아이템이 된다. 우리는 이 아이디어를 가지고 창업을 하며 사업을 시작하게 되는데 사업에서 말하는 '수익'은 다름 아닌 '문제를 해결하는 과정'에서 자연스럽게 창출되어야 한다.

그렇다면 도대체 어디서부터 어디까지가 창업이고, 또 어디서부터가 사업이라고 말할 수 있을까? 모든 사업의 목적이 '수익 창출'임을 감안할 때, 사업에는 반드시 수익이 따라야 한다고 생각해볼 수 있다.

내가 제시한 문제해결에 대한 아이디어를 실현하는 과정이 바로 창업이고, 이 문제에 대한 해결책을 누군가가 돈을 내고서라도 사용하겠다고 하는 순간이 바로 창업에서 사업으로 넘어가는 과정이라고 말할 수 있다.

창업가의 활동 사이클은 다음 그림과 같다.

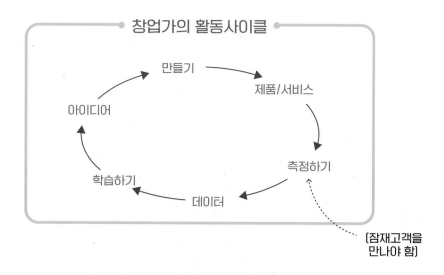

먼저 문제해결을 위한 새로운 아이디어를 창출해야 하고, 그 아이디어를 활용하여 제품이나 서비스를 만들어 간다. 그렇게 제품이나 서비스를 통해 솔루션을 완성해가는 과정에서 잠재고객을 만나 인터뷰하며 측정하게 되는데, 이 과정에서 수집된 데이터를 가지고 학습하고 그 내용을 다시 최초 아이디어에 결합하여 발전시키는 과정이 반복된다.

●●● 창업 vs 사업

창업가는 문제를 해결하는 사람이다. 문제Pain Point를 발견하려면 '문제의식'을 가지고 일상의 전반을 둘러봐야 한다. 우리가 무심코 생활하는 그 어떤 행위에서 불편한 점을 찾아내고 그 불편을 문제로 정의 내린 뒤 이를 해결하는 제품이나 서비스를 개발하는 것이 창업이다.

창업의 프로세스는 다음과 같다.

관찰하기 – 문제 정의 – 해결책 도출 – 실행하기 – 결과보기

먼저 일상의 전반에 대해 관찰해야 한다. 문제를 발견하고 그 문제를 해결하기 위해선 먼저 우리 삶에 필요한 그 무엇인가를 생각Thinking해야 하

는데 그 생각의 도출을 위해선 문제를 발견하기 위한 관찰하기의 과정이 필수이다.

그 다음 문제 정의이다. 관찰을 통해 발견한 생활의 불편함을 '해결해야 할 문제'로 정의 내리는 것이다. 이 과정을 통해 일상 속에 흩어져있던 '생활의 불편'은 '문제'라는 플랫폼으로 정리되고 창업의 아이템으로 변하게 된다.

이제 해결책을 도출해야 한다. 우리가 무심코 행동했던 모습 속에 불편한 점이 있었고 그 모습을 문제로 정의했다면 이제는 그 문제를 해결할 아이디어가 필요하다. 해결책을 도출하는 모습부터가 본격적으로 구조화되는 창업의 과정이라 말할 수 있다.

이제는 도출된 해결책을 실행 가능한 형태로 가공하여 실행해봐야 한다. 달리 말하면 테스트하기 과정이라고도 할 수 있는데 실행해보지 않고 머릿속에 가지고만 있다면 이는 올바른 창업의 길이라 할 수 없을 것이다.

테스트하기 과정인 실행하기의 순서를 거쳤다면 이제는 결과를 봐야한다. 결과보기의 단계를 거치며 내가 만들어낸 해결책에 문제는 없는지 분석해보는 것이다. '문제를 해결하는 과정'인 '창업'에서 얻어진 결과물은 사업의 재료인 아이디어가 된다.

창업가: 문제를 해결하는 사람

창업: 문제를 해결하다

결과물: Idea

<Process>
① 관찰하기
② 문제정의
③ 해결책 도출
④ 실행하기
⑤ 결과보기

여기서 수익은 문제를 해결하는 과정에서 생겨난다. 창업가가 사업가가 되는 순간은 창업가의 아이템인 '문제에 대한 해결책'을 누군가 돈을 내고서라도 사용하겠다고 하는 때이다. 창업은 문제에 대한 해결책을 만들어내고, 사업은 그 해결책으로 수익을 내는 활동이라 정의해볼 수 있다.

수익: 문제를 해결하는 과정에서 창출됨

창업가 ──→ 사업가

"문제에 대한 해결책을 누군가 돈을 내고서라도
사용하겠다고 하는 순간"

　창업을 통해 사업을 시작하고 그 사업으로 수익을 창출하는 과정은 모두 '기업가'라는 한 단어로 정리해 볼 수 있는데 기업가는 다른 사람들이 미처 발견하지 못한 아이디어를 확인하고 문제해결 방법을 구축하여 사업화하는 사람이라 설명할 수 있다.

　기업가에 의해 창조된 아이디어와 만들어진 제품은 타깃을 만족시키며 새로운 목표시장을 설정한다. 기업가는 창조, 혁신, 아이디어를 상품, 서비스, 사업의 원천으로 간주한다. 창업에는 많은 어려움이 따르는데 이를 기업가는 이를 감수해야 한다.

　기업가에 대한 설명과 기업가 정신에 대한 내용은 다음 장에서부터 좀 더 자세하게 다루겠다.

••• 기업가와 기업가 정신

　기업가의 특징은 항상 우수한 아이디어를 찾아 낸다는 것이다. 이는 사업을 시작하고 또 사업을 성장시키기 위해 필요한 과정이다. 기업가는 창업을 위한 아이디어를 찾고 이를 사용 가능한 제품이나 서비스로 전환시키는 역할을 한다.

　기업가Entrepreneur는 문제의식을 통해 사업에 대한 기회를 확인하고 수익 창출 및 사업체의 성장을 위해 위험을 추구하며 또 감수하는 사람을 말한다. 기업가에 대한 정의에서 가장 중요한 점은 새로운 사업을 창조하는 사람이라는 점이다.

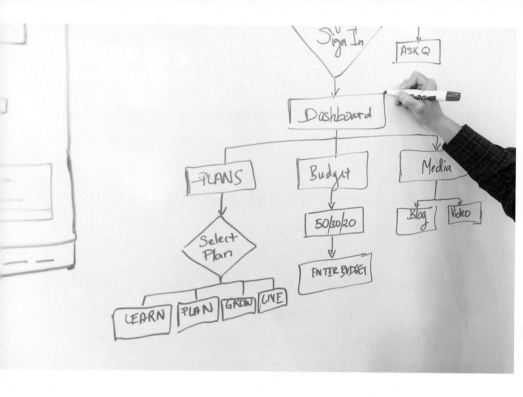

기업가는 사업의 기회를 확인하고, 수익창출을 위해 모험사업Venture을 구성하고, 진취적인 행동을 하며 서비스와 제품의 생산을 결정하고 관리하는 사람이다. 기업가는 항상 기회를 잡기 위해 준비된 사람이자 혁신가라고 설명할 수 있다.

이런 기업가는 대체적으로 호기심과 도전정신이 뛰어나다. 관찰과 문제정의를 통해 얻어진 뛰어난 아이디어를 구체적인 사업모델로 전환 시키는 감각을 보유한 사람이 바로 기업가이다. 성공한 기업가는 창의적이며, 혁신적이고, 모험적이면서 경제적인 감각이 탁월한 사람을 말한다.

혁신성과 위험감수성이 높은 기업가는 새로운 사업을 위해 가치를 창조한다. 기업가는 시장에서 중요한 기회를 확인하고, 이익과 성장을 추구하는 사람이다. 주요 학자인 Evertt E. Hagen1962은 기업가를 '혁신으로 이익을 극대화하고, 문제를 해결하고, 당면한 문제에 자신의 능력을 사용하여 만족을 얻는 경제인'이라 정의 내렸고, Frank Young1971은 "기업가는 변화의 대리인이다."라고 말한 바 있다.

기업가는 독립을 중요시한다. 아이디어의 우수성을 통해 차별화를 모색하고, 항상 적절한 위험과 변화를 동시에 선호하는 경향을 보인다. 기업가는 위험을 추구하는 사람이다. 모험자본을 제공하며 사업의 모든 활동들을 관리한다.

Kuratko & Hodgetts2007은 "기업가는 기회를 인식하고 포착하는 혁신가나 개발자인데 기회를 시장성이 있는 아이디어로 전환하고, 시간, 노력, 돈이나 기술을 통해 가치를 추가한다. 경쟁적인 시장의 위험을 감수하고, 보상을 추구한다."고 말했다.

기업가 정신Entrepreneurship은 새로운 모험사업을 추구하고 이를 개발하여 조직하고, 운영하는 능력과 의지를 말한다. 초창기의 기업가는 새로운 사업을 진행하는 과정에서 '위험을 감수하는 사람'을 의미했다.

모험군인, 탐험가 등을 지칭하는 단어인 앙트러프랑Entreprendre이 그 어원이며 이제는 그 범위가 확대되어 기업가Entrepreneur를 통칭하게 되었다.

　기업가 정신의 학자로 유명한 슘페터Joseph Schumpeter, 1883~1951는 새로운 생산방법과 상품개발을 기술혁신으로 보았다. 이어 기술의 혁신을 바탕으로 창조적 파괴에 앞장서는 기업가를 혁신자이자 창조적 파괴자로 정의 내리며 이를 기업가 정신으로 정의했다.

　슘페터에 의하면 기업가 정신은 창조적인 활동이라 할 수 있다. 기업가는 혁신을 추구하고 새로운 방법으로 문제를 해결한다. 기업가 정신은 기업이나 개인이 보유한 자원을 뛰어넘어 기회를 추구하는 행위라 말할 수 있다.

　혁신은 기존의 모습을 새롭게 변화시키거나 다르게 만드는 것이다. 기업가는 고객의 요구사항을 충족시키기 위해 새로운 활동을 지속적으로

찾는다. 그런 의미에서 기업가 정신은 창업에만 국한되지는 않는다는 걸 알 수 있다. 보유한 자원의 한계를 넘어 기회를 포착하고 더 나은 삶을 위한 기술로서의 의미가 있다. 2006년 유럽연합EU에서는 유럽에 거주하는 청년 및 청소년들의 경제활동과 지역사회의 발전을 위해 기업가 정신 교육을 초·중·고교에 전면적으로 도입하였다.

창조성과 혁신은 새로운 것을 만드는 행위임에는 다를 바가 없다. 하지만 창조성은 새로운 것을 만드는 능력을 뜻하고, 혁신은 새로운 것을 만드는 과정을 뜻한다. 혁신가는 창조성과 기업가 정신을 결합하여 창의적으로 문제를 해결한다.

••• 기업가 vs 경영자

기업가와 경영자는 본질적으로 여러 차이를 보인다. 경영자Manager는 회사의 사업을 관리하고, 주어진 역할을 수행하며 운영하는 고용된 사람이다. 따라서 최초에 기업을 창업하는 건 기업가의 몫이며, 그 기업을 운영하는 건 경영자의 몫이다. 기업가는 창업을 통해 회사를 만들고 경영자는 그 회사에 경영이라는 서비스를 제공한다.

기업가는 위험감수성을 지니고 있기 때문에 항상 위험과 불확실성에 노출되어 있다. 반면 경영자는 위험을 지지 않는다. 기업가는 불확실성 때문에 고정적이지 않은 수익을 기대해야 할 수도 있지만, 경영자는 확실하고 고정적으로 계약된 급여를 회사로부터 보상받는다.

　혁신성의 관점에서 봤을 때 기업가는 제품이나 서비스의 창조적 프로세스를 스스로 생각하고 실천하는 반면, 경영자는 기업가가 준비해 놓은 계획을 효율적으로 수행하는 점이 서로 다르다고 할 수 있다.

　기업가의 신분은 회사를 소유한 사람이고 경영자는 회사가 고용한 사람이다. 기업가와 경영자는 같은 의미로 사용되는 경우도 있지만 사실은 전혀 다른 개념인 것이다.

●●● 스타트업

스타트업의 여정은 다음과 같다.

비전 – 전략 – 제품

비전을 품고 시작한 스타트업은 전략을 구사하면서 피봇_{방향전환}을 실행하기도 한다. 그 후 제품이 출시되면 이 제품을 최적화하는 과정을 거친다.

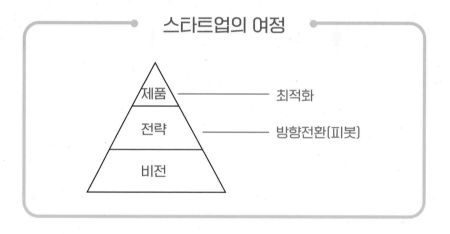

사업의 실패를 최소화하고 성공확률을 높이려는 목표 달성을 위해 일종의 실험 프로세스로 체계화한 린Lean 스타트업이 등장했다. 린 스타트업은 2008년, 기업가 에릭 리스에 의해 처음으로 소개되었다. 린 스타트업은 고객의 니즈를 충족시키기 위해 제품의 개발 과정에 어떤 기능을 포함하거나 제거해야 할지에 집중한다. 불필요한 요소를 모두 제거하고 군더더기가 없는 기능의 제품을 개발해 비즈니스의 생존력을 높이려는 시도이다.

린 스타트업의 핵심요소로는 MVP, 즉 최소 기능 제품이 있다. 기업가는 MVP를 제대로 잘 활용하여 자신의 사업가설을 효율적으로 실험해 볼 수 있다. 린 스타트업의 개념을 처음으로 세상에 소개한 에릭 리스는 MVP를 이렇게 정의했다.

"창업 팀이 최소한의 노력으로 고객과 관련된, 최대한 많은 것을 검증할 수 있도록 도와주는 새로운 제품의 한 부분이다."

MVP는 개발되는 제품이 나아가야 할 방향에 대해 많은 것을 알 수 있게 해주는데 군더더기를 제거하고 정말 필요한 기능을 최소한으로 넣어 만들어낸 제품이라 할 수 있다.

린스타트업 낭비를 최소화시키면서

유효한 학습을 하고 있는가?

목표: 고객이 원하는, 수익이 창출되는 서비스를
최대한 빨리 만들어내는 것

린 스타트업의 핵심은 다소 불완전할지라도 가능한 빠르게 고객에게 제품서비스을 제공하고 또 피드백을 얻는 학습 모델에 있다. 개발 주기를 짧게 설정하고 실험을 통해 고객의 의견을 반복적으로 제품에 담는 것이다. 고객이 제품을 사용하는 과정에서 얻어낸 데이터로 고객의 반응을 측정하고 제품을 업그레이드 시켜나가는 것이다.

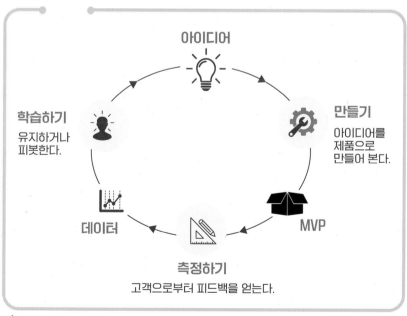

자료: Eric Riesm, 2011.

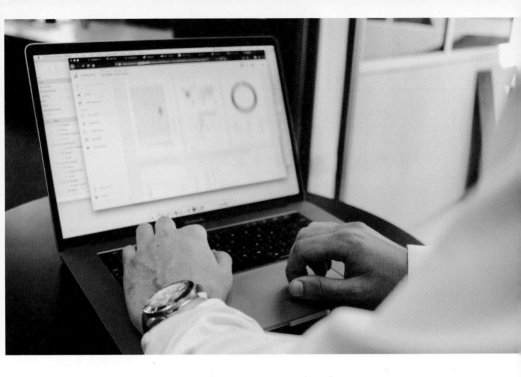

린 스타트업이 세상에 소개되기 전까지 대부분의 기업들은 비밀리에 제품을 개발하고 정보를 공개하지 않았다. 굳이 자신이 속한 마켓에 경쟁자를 끌어들일 필요가 없다고 생각했기 때문이다. 하지만 이러한 활동은 고객과 멀리 떨어진 상태에서 제품을 개발하는 모습이었다. 반복적인 고객의 피드백을 받아 제품의 개선점을 찾아내고 사업의 성공확률을 높일 수 있다는 것이 린 스타트업을 통해 증명되었다.

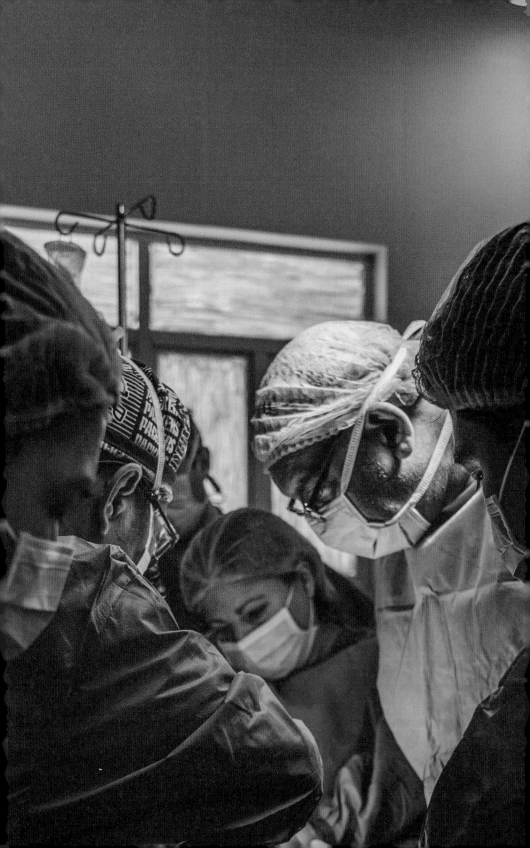

CHAPTER

02

창업은
응급실이다

●●● 아이디어는 위급한 상태로 온다

디자인전공자라면 새로운 아이템을 찾거나 아이디어를 발굴하기 위해 브레인스토밍을 해본 적이 있을 것이다. 번뜩이는 아이디어가 떠오르면 그 아이디어를 살려내고 또 숨을 불어넣기 위해 여러 노력을 하는 모습을 볼 수 있다.

디자인씽킹에 익숙한 디자인전공자들은 이렇게 불쑥 찾아온 아이디어를 다루는 방법을 누구보다도 잘 알고 있을 테지만, 디자인씽킹에 익숙하지 못한 일반인들은 아이디어를 잘 가공하지 못하는 경우가 많다.

아이디어는 늘 불안전한 상태로 내 머릿속에 찾아온다. 이는 마치 심폐소생술이 필요한 환자가 응급실에 도착해 의료진의 손길을 기다리고 있는 모습과 크게 다를 바가 없다. 우리는 아이디어라는 환자의 생명을 살려낼 수 있는 의료진이 되어야 한다. 훌륭한 창업을 위해 매번 내 머릿속에 찾아오는 아이디어는 별다른 조치 없이 가만히 놔두면 숨이 끊겨버리는 그런 위급한 상태이다.

아이디어가 찾아오면 바로 심폐소생술을 진행하자. 아이디어를 맥락에 맞게 구성하고 이를 제품이나 서비스로 실현 시키기 위한 과정을 진행하는 것이다.

그러기 위해서는 디자인씽킹에 누구보다도 익숙해져야 한다. 디자인씽킹의 5가지 단계는 다음과 같다.

[1] 공감하기 - [2] 정의하기 - [3] 아이디어내기 -
[4] 프로토타입 - [5] 시험·검증

[1] 공감하기 단계는 관찰과 인터뷰를 통해 고객의 니즈를 발견한다.

[2] 정의하기 단계는 앞서 얻어낸 니즈를 가지고 고객의 문제점을 정의하는 단계이다.

[3] 아이디어내기 단계에서는 문제해결을 위해 아이디어를 낸다. 브레인 스토밍은 아이디어를 내는 데 사용되는 기법 중 하나이다.

[4] 프로토타입 단계로 넘어가면 정말 필요한 기능만 넣어서 간단하게 시제품을 제작한다.

[5] 시험·검증 단계에서 제품이나 서비스를 테스트한다.

창업은 늘 문제해결과의 싸움이다. 문제를 해결하기 위해서는 아이디어가 필요하고, 어렵게 떠올려낸 아이디어는 늘 도움이 필요한 위급한 상태로 존재한다. 떠오른 아이디어에 바로 숨을 불어 넣자.

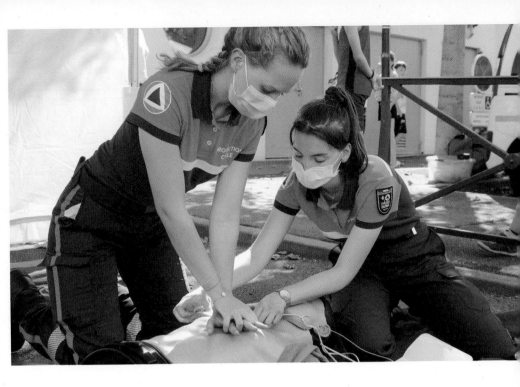

　디자인씽킹은 디자이너들의 사고방식이다. 여기서 핵심은 디자이너처럼 생각하라는 것이다. 미국 IDEO사의 CEO인 팀 브라운은 다음과 같이 말했다.

　"디자인씽킹은 문제를 해결하고 세상을 바꾸는 발명이다."

　아이디어가 없는 창업은 이루어질 수 없다. 아이디어를 떠올리고 또 이를 창업 아이템에 연결하는 구체적인 방법은 디자인씽킹으로 가능하다. 디자인씽킹에 관한 더 자세한 설명은 뒷 부분 [디자인씽킹]에서 더 자세히 다루도록 하겠다.

●●● 창업은 응급실이다.

문제의식을 가지고 일상을 돌아보면 해결해야 할 문제들을 발견하게 되고 신속히 그 문제들을 해결하려는 움직임이 결국은 창업으로 이어지게 된다. 목숨이 위태로운 환자가 응급실에 들어오면 일단 살리고 봐야 한다. 삶의 질 개선을 위한 우아하고 세련된 행동들은 응급실에서 거론될 수 없다.

우리는 우리의 주변 환경에서 문제를 발견하고 그 문제를 해결하기 위한 아이디어를 떠올리며 가능성을 발견해내야 한다. 좋은 아이디어는 현재 나를 둘러싸고 있는 환경에서 얻을 수 있으며 문제의 확인은 곧 가능성의 발견으로 가는 출발점이라 할 수 있다.

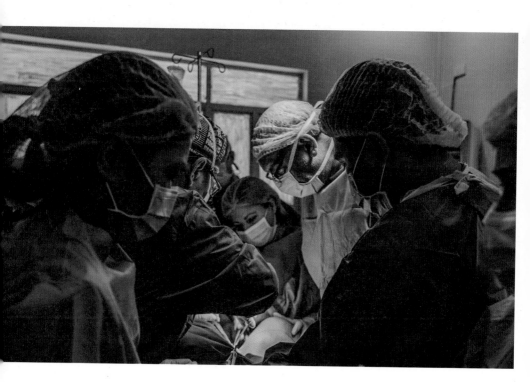

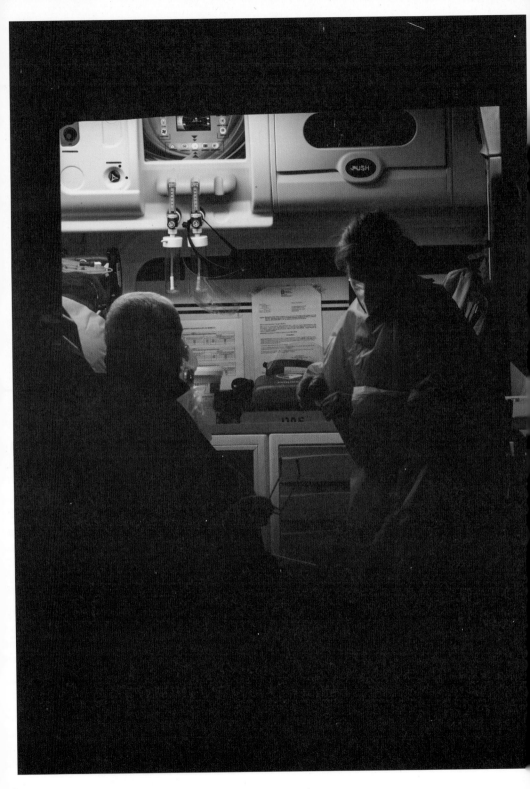

응급의학과의 의료진은 환자가 처한 다양한 응급상황에 대응하기 위한 종합적인 행동들을 늘 준비한다. 내과, 이비인후과, 성형외과 등 다양한 분과들은 각자의 파트에서 선택과 집중을 통한 전문성을 발휘한다. 창업에서 발전하여 기업경영으로 이어지게 될 때엔 이와 같은 전문화된 분과가 필요하다.

다시 말해 '**좋은 아이디어**'라는 응급환자가 나타나면 '**창업**'이라는 응급의학과에서 나서서 숨만 간신히 붙어있는 이 아이디어의 호흡과 맥박을 정상으로 회복시켜야 하는 것이다. 그런 다음 아이디어가 정상의 상태로 되돌아오면 기획, 개발, 영업 부서가 아이디어의 질을 개선하기 위한 노력을 하는 것이다. 이는 마치 내과, 이비인후과, 성형외과 등의 분과가 응급환자가 아닌 일반환자의 삶의 질 개선을 위해 노력하는 것과 같다.

즉 응급실은 **창업**이고, 종합병원은 **주식회사**라 간단히 정의 내려볼 수 있겠다.

창업을 시작하는 주체는 일반적으로 기업가이며 기업가는 늘 기회를 탐색한다. 그 과정 속에서 새로운 아이디어라는 응급환자가 매번 등장하는데 그 중 일부의 아이디어가 회복하고 성장하여 기업을 설립하게 만든다.

응급환자는 회복하고 성장할 수도 있지만, 그렇지 못할 수도 있다. 즉 창업이라는 과정은 늘 혁신과 모험정신이라는 불확실성으로 가득차있다. 때문에 기업가에게는 늘 위험감수성이 따른다.

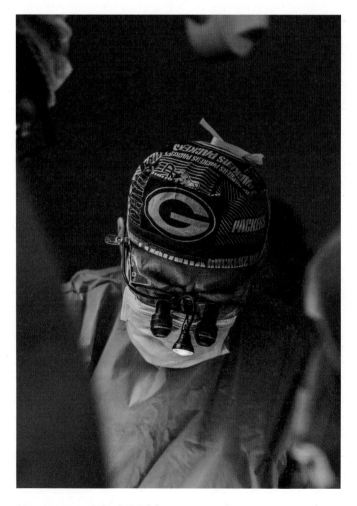

　신생아 인큐베이터는 프랑스 산부인과 의사인 스레판 타르니에가 동물원 구경 중 따뜻하게 해주는 병아리 부화기를 보고 아이디어를 얻어 발명하게 되었다. 이처럼 좋은 아이디어는 우리의 주변 환경에 대한 분석과 문제의식을 통해 발견되고 또 기회를 얻게 된다.

●●● 창업은 아이디어의 인큐베이터이다.

바로 앞 장에서 인큐베이터가 어떻게 세상에 나오게 되었는지 그 아이디어의 발견에 대한 이야기를 했다. 그런 의미에서 이 내용을 창업에 연결 지어 조금 더 설명을 해보자면 창업은 미숙한 아이디어가 정상의 컨디션을 회복할 수 있는 환경을 조성하는 일종의 인큐베이터라 설명할 수 있을 것이다.

창업은 제품이나 서비스를 창조해내는 경제적인 활동이다. 하지만 문제 해결의 미션을 달성하지 못하면 제품이나 서비스가 세상에 소개되어도 소비자들의 선택을 받지 못할 것이다. 문제를 해결하기 위해 필요한 것은 다름 아닌 아이디어인데 이 아이디어를 창업의 아이템으로 적절히 활용하기 위한 노력이 바로 창업의 과정이라 설명할 수 있을 것이다.

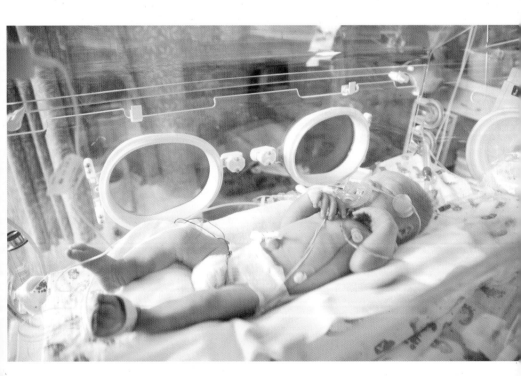

창업은 아이디어를 품고 있는 인큐베이터이다. 인큐베이터 안에서 컨디션이 회복되어 정상이 되었을 때 바깥세상으로 나오게 된다. 인큐베이터라는 좁은 공간은 갑갑하고 활동이 제약된 환경이지만 미숙한 아이디어가 성장하는 데에는 더 없이 좋은 조건이다. 그 인큐베이터라는 환경적 조건이 바로 창업이다.

아이디어가 부화해 알을 깨고 세상 밖으로 나오면 이제 소비자의 선택을 받아야 한다. 그를 위해 특허나 상표권과 같은 지식재산권을 미리 준비해두는 것이 좋고 타깃 고객과의 인터뷰를 통해 니즈에 대한 분석을 깊이 있게 해야 할 필요가 있다.

창업은 해결안이 확실하지 않다. 또 성공이 보장되어있지 않은 문제를 해결하기 위해 도전하는 행위이기도 하다. 현대그룹의 창시자인 故정주영 회장의 가장 유명한 어록은 "이봐, 불가능하다고? 해 보기나 했어?"이다.

우리나라에서 기업가 정신을 삶으로 가장 잘 드러낸 사례라 평가할 수 있는 정주영 회장은 위험감수성과 불확실성을 모두 딛고 성공의 반열에 오른 기업가라 할 수 있다. 창업가에게는 이처럼 위험을 감수하며 불확실성을 딛고도 비즈니스를 성공시킬 수 있을 만한 '아이템'이 필요한데 이 아이템은 다름 아닌 좋은 아이디어에서부터 출발한다.

지금이라도 머릿속에 찾아온 아이디어를 자연스레 망각하도록 내버려두지 말자. 아이디어 회의나 브레인스토밍 등을 통해 아이디어를 인큐베이터

안으로 이동시키는 작업이 반드시 필요하다. 그래야만 아이디어가 비즈니스가 되고 수익 창출을 견인하는 창업 아이템으로 발전할 수 있다.

●●● 퍼스널브랜드를 창업하라

"뭐든 시켜만 주시면 열심히 하겠습니다."

취업을 준비하는 사람이라면 이런 문구를 한 번쯤은 접해 보았을 것이다. 하지만 저 문장에서 '나'는 없다. 내가 어떤 사람이고 어떤 길을 걸어왔으며, 어떤 생각을 하며 지내는지가 나타나 있지 않기 때문이다.

카이스트 전기 및 전자공학부에 재학 중이던 오승규 씨는 자신이 스마트폰 앱을 개발하고 또 그를 매각하여 얻은 수익금 일부인 3,000만 원을 카이스트 대학 발전기금으로 기부했다. 당시 3,000만 원의 기부금액은 카이스트 재학생의 기부액 중 최고 금액이었다.

오 씨는 스마트폰이 보급되기 시작한 2010년에 지하철 노선을 알려주는 앱을 직접 개발했다. 그리고 그 앱을 배포했고, 500만 명 이상이 사용하는 지하철 앱 다운로드 순위 2위 앱이 되었다. 카카오에서 인수 제의를 보였는데 오 씨는 그 앱을 카카오에 매각하기로 결정했고 그 덕분에 대학 졸업 후 카카오 입사를 확정받았다.

"뭐든 시켜만 주시면 열심히 하겠습니다."

앞서 본 이 표현을 오 씨는 카카오를 상대로 말할 수 있었을까? 만약 여러분이 스마트폰 지하철 노선 앱을 개발하여 이를 카카오에 매각한 오 씨와 같은 사람이라고 가정해보자. 여러분이 잘 할 수 있고 또 특출난 능력을 보인 분야가 지하철 앱 개발과 앱 운영 업무인데, 이 능력을 포기하고서라도 "뭐든 시켜만 주시면 열심히 하겠습니다."라는 말을 하는 것이 과연 옳은 일일까?

경영자의 업무는 이미 설립된 기업에 '경영'이라는 특화된 서비스를 제공하는 일이다. 반면 기업가는 개인적인 만족을 위해 창업을 한다. 오 씨의 사례를 창업적인 관점에서 보자면 앱을 개발하고 또 배포하는 그 순간부터 '나'라는 퍼스널브랜드Personal Brand를 창업한 것이다.

카카오는 오 씨가 개발한 상품을 구매하는 동시에 취업을 제안했다. 퍼스널브랜드가 명확하게 설립되어 있다면, "뭐든 열심히 하겠습니다."라는 말은 거추장스러워진다. 취업은 다름 아닌 기업을 상대로 '나'라는 회사를 매수할 것을 요구하고 또 제안하는 행위이다. 물론 자신의 퍼스널브랜드를 앞세워서 말이다.

창업	기업 그 자체인 나를 그냥 오픈하는 것
취업	기업을 상대로 '나'라는 회사를 매수할 것을 요구(제안)하는 것 [M&A]

미운 아기 오리가 있다. 이 미운 아기 오리는 다른 오리들과 생김새가 다르다는 이유 때문에 섞이지 못했고, 또 손가락질을 받게 된다. 오랫동안 힘겨운 시간을 견딘 아기 오리는 결국 자신이 백조라는 사실을 알게 되었고 그 때부터 새로운 삶이 찾아오게 된다.

너무도 오랜 시간이 낭비되었다. 미운 아기오리였던 백조에게 말이다.

　만약 손가락질을 받고 미움을 받던 아기오리 시절부터 자신의 유전자
를 분석해 '백조'라는 명확한 정체성을 확립했다면, 아마 그토록 불우한
어린시절을 보내지는 않았을 것이다.

　이처럼 유전자 분석을 통해 자신의 명확한 정체성을 확립하고 아이덴
티티를 드러내는 일, 그것이 바로 퍼스널브랜딩이다.

　방탄소년단, 즉 BTS는 데뷔 초부터 자신들이 정립한 팬들과의 영상 소
통을 꾸준히 이어오고 있다. 심지어는 세계 최고의 월드 스타가 되고 난
이후에도 세계무대에서 큰 상을 받은 뒤 곧바로 에프터 파티에 참석하지
않고, 숙소로 돌아와 라이브 방송을 켜고 전 세계 BTS 팬들과 소통을 시
작한다. BTS의 팬들은 BTS의 변함없는 이런 모습에 감동하고 팬덤을 더

욱 공고히 한다. BTS는 외모뿐 아니라 행동이 쿨 하고 생각이 멋진 친구들로 그 브랜드가 탄탄히 정립되어 있는 것이다.

영화 '기생충'으로 전 세계 영화계를 놀라게 한 봉준호 감독은 본인만의 명확한 브랜드 아이덴티티가 있다. 봉 감독이 찍은 영화인 '괴물', '설국열차', '마더', '기생충' 등 모든 영화는 공통적으로 처참하리만큼 가난한 인물이 주인공으로 등장한다는 것이다. 그의 영화에서 다루는 주요소재는 빈부의 격차이다.

봉 감독은 이처럼 자신의 명확한 브랜드 철학을 정하고 걸어 다니는 기업이 되어 다음 영화라는 신 제품을 또 개발한다. 봉 감독이 추구하는 명확한 브랜드 가치가 있기 때문에 우리는 그 다음 영화의 주인공이 어떤 모습일지 대충 짐작을 하면서 기다릴 수 있다.

퍼스널브랜드를 명확히 하라. 그리고 그 브랜드를 이용하여 당신만의 제품을 만들어보라. 취업이든 창업이든 관계없이 소비자 혹은 기업 담당자가 당신이라는 브랜드를 소유하고 싶게끔 만들어라.

CHAPTER

03

창업은
곧 육아다

●●● 창업은 아직
   준비된 것이 없다

 육아를 시작하면 깨닫게 될 것이다. '아직 내가 준비가 덜 되었구나'라
고 말이다. 그러면서 그 끝이 보이지 않는 힘든 육아는 시작되고 결국엔
나의 생활이 된다.

 아이를 키워 본 사람이 엄마, 아빠가 된다면 얼마나 좋을까. 하지만 대
부분의 부모는 별다른 경험없이 아이를 낳게 되고 그 결과로 엄마와 아빠
가 된다.

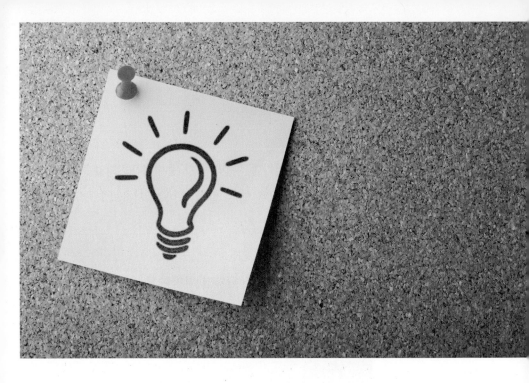

육아는 정해진 것이 없다. 예측할 수 없는 아이의 행동에 늘 맞대응하며 행동해야만 한다.

창업도 마찬가지다. 아이가 생기면 아이를 낳게 되듯, 아이디어가 생기면 그 결과로 창업을 시작하게 된다. 창업을 통해 생겨난 기업과 아이템은 마치 신생아처럼 옆에서 돌봐주지 않는다면 혼자서 아무것도 할 수가 없는 상태로 존재한다.

새내기 엄마, 아빠는 육아에 미숙하다. 마찬가지로 초보 사장님이 경영에 익숙할 리 없다. 하지만 엄마, 아빠는 누구나 될 수 있듯이 사장님 또한 누구나 될 수 있다. 좋은 아이디어를 잘 가공해서 사업의 아이템으로만 활용할 수 있다면 말이다.

육아는 끊임없이 아이를 보살피며 그 성장을 도와줘야만 한다. 그래야만 아이가 잘 성장할 수 있기 때문이다. 창업도 마찬가지다. 창업을 통해 아이디어와 아이템이 정리되었다면 끊임없이 성장해나갈 수 있도록 옆에서 보살펴야만 한다.

창업의 초창기 멤버들은 대부분 격식을 차리지 않은 채 창업 아이템의 성장 그 하나만을 위해 밤을 새워 고군분투하는 모습을 보인다. 이는 육아의 모습과 크게 다를 바가 없다.

<티몬이 간다>라는 책을 보면 초창기 티몬TMON이라는 소셜커머스의 런칭을 위해 열정을 가지고 밤을 새워가며 차근차근 성장하는 모습이 나온다. 열정이 없이는 육아를 할 수 없듯 마찬가지로 열정 없는 창업도 논리

가 성립되지 않는다.

　육아의 경험처럼 창업의 경험도 경험의 자산적 측면에서 보면 그 위치
가 상당하다고 할 수 있다. 창업을 해본 경험이 있다는 건 다른 말로 표현
하자면 충분한 열정을 보유하고 있다는 뜻이 된다. 계획이 바뀌어 나중
에 취업을 고려하게 될지라도 창업에 대한 경험을 가지고 있다면 높은 점
수를 받을 수 있게 될 것이다.

●●● 창업은 늘 불확실하다

    육아는 늘 불확실성과의 싸움이다. 누군가 육아에 대한 확실한 길을 제시해준다면 감사하겠지만, 그것 역시도 내 아이의 성향에 맞지 않다면 쓸모가 없다. TV 방송에 자주 출연하는 오은영 박사도 "아이는 이렇게 키워야 합니다!"라는 표현을 쓰지 않는다. 왜냐하면 모든 아이마다 각자 성향이 다르고 대하는 태도가 다르기 때문이다. 오은영 박사는 사연을 접하게 되면 먼저 불안정한 그 상황을 분석하고 그에 맞는 최적의 대안을 모색해 줄 뿐이다. 모든 육아의 상황에 적용되는 마스터키는 존재하지 않는다고 보는 것이 옳다.

우리가 스마트폰에서 자주 사용하는 은행 앱인 토스TOSS, 여행 관련 야놀자, 음식 관련 앱 마켓컬리, 이 밖에도 수많은 기업들이 모두 불확실성을 바탕에 둔 스타트업으로 서비스를 시작했다.

제럴드 볼드윈과 지브 시글, 고든 보커는 1971년 미국 시애틀에 커피 원두 판매사를 설립했다. 매장의 이름은 바로 스타벅스Starbucks였다. 전 세계 커피 전문 브랜드 중 가장 인기가 높은 브랜드이다.

초창기의 스타벅스는 좋은 원두를 로스팅해 고객에게 전해주는 일종의 딜리버리Delivery 서비스에 불과했다. 하지만 오늘날의 스타벅스 모습을 만

들어 낸 하워드 슐츠는 1987년 스타벅스를 인수한 뒤 매장 내에 커피를 마실 수 있는 바를 제공하며 운영하기 시작했다. 그렇게 스타벅스는 성장했고 지금은 전 세계에서 최고로 사랑받는 커피 브랜드가 되었다.

1971년 처음 스타벅스를 창업한 모습에서도, 1987년 하워드 슐츠가 인수하여 서비스의 맥락을 바꿔낸 모습에서도 확실한 성공의 장담을 할 수 있었던 부분은 없다. 하지만 그들은 실행했고, 결국 성공했다. 불확실성으로 가득한 창업의 허들을 뛰어넘어 달리기 시작한 것이다.

●●● 처음에는 대화가 되질 않는다

육아를 하는 모든 부모라면 욱하는 심정을 느껴본 적이 있을 것이다. 갓 태어난 아이는 말을 하지 않고 계속 울기만 하니 부모의 입장에서는 왜 우는지를 도무지 알 수 없기 때문이다.

"배가 고픈가? 아니면 기저귀가 문제인가? 졸려서 투정을 부리는 건가?"

"제발 그냥 울지만 말고 왜 우는지를 알려줘…"

아이가 성장하면서 의사소통 문제는 어느정도 개선이 되겠지만, 처음 아이를 마주할 때 대화가 되지 않는다는 점이 육아를 더욱 힘들게 만든다.

창업 역시도 원활한 대화는 이루어지기 힘들다. 때문에 밤을 새워가며 그 커뮤니케이션을 분석하는 것일는지 모른다. 아이디어는 떠올랐는데 이 아이디어를 어떻게 사업 아이템으로 가공해야 할지, 사업 아이템으로 가져오긴 했는데 이걸 어떻게 발전시켜서 소비자들의 구매를 유발시킬 수 있을지, 정확한 문제도 정확한 해답도 주어진 게 하나도 없다. 때문에 좋은 아이디어를 그냥 놓쳐버리는 일도 허다하다.

영국 시골 출신의 제임스 다이슨은 시골 농장의 돼지우리에서 커크-다이슨이라는 기업을 창업했고 '볼배로Ballbarrow'라는 제품을 생산하며 사업에 첫 발을 내딛었다. 볼배로는 농장에서 사용하는 손수레였다. 아무도 손수레에 대한 연구를 하지 않으니 거기에 불편한 점이 있는 줄도 몰랐고, 개선해야 할 점이 있다는 것도 인식하지 못했다. 다이슨은 손수레를 분석하기 시작했다.

다이슨이 개선하기 이전의 손수레는 옆으로 넘어지기 일쑤였고 바퀴는 아주 쉽게 펑크가 났다. 이런 단점들을 개선하기 위해 다이슨은 아무런 말도 하지 못한 채 울고만 있던 손수레를 분석하기 시작한 것이다.

다이슨이 만든 볼배로는 손수레의 얇은 바퀴를 구 형태의 큰 공 모양으로 바꾼 것이 거의 전부다. 또한 적재함과 바퀴 모두 가벼운 플라스틱 소재를 사용해서 경량화에 성공했다. 그동안 말없이 지내오던 불편함을 모두 개선한 작품이라 할 수 있다. 다이슨이 만든 볼배로는 하루에만 4만 5,000여 대가 팔렸고, 시장점유율은 50%에 육박할 정도로 대성공을 거뒀다.

말은 못하고 불편한 채로만 지내오던 '손수레 사용'이라는 '육아'에 솔루션을 제공해준 것이다. 상대방이 말을 하지 못한다고 답답하게 지낼 것이 아니라 상대가 불편한 점이 무엇일까를 생각하고 분석하며 해답을 찾아간다면 창업은 그리 막막하기만 한 것은 아닐 것이다.

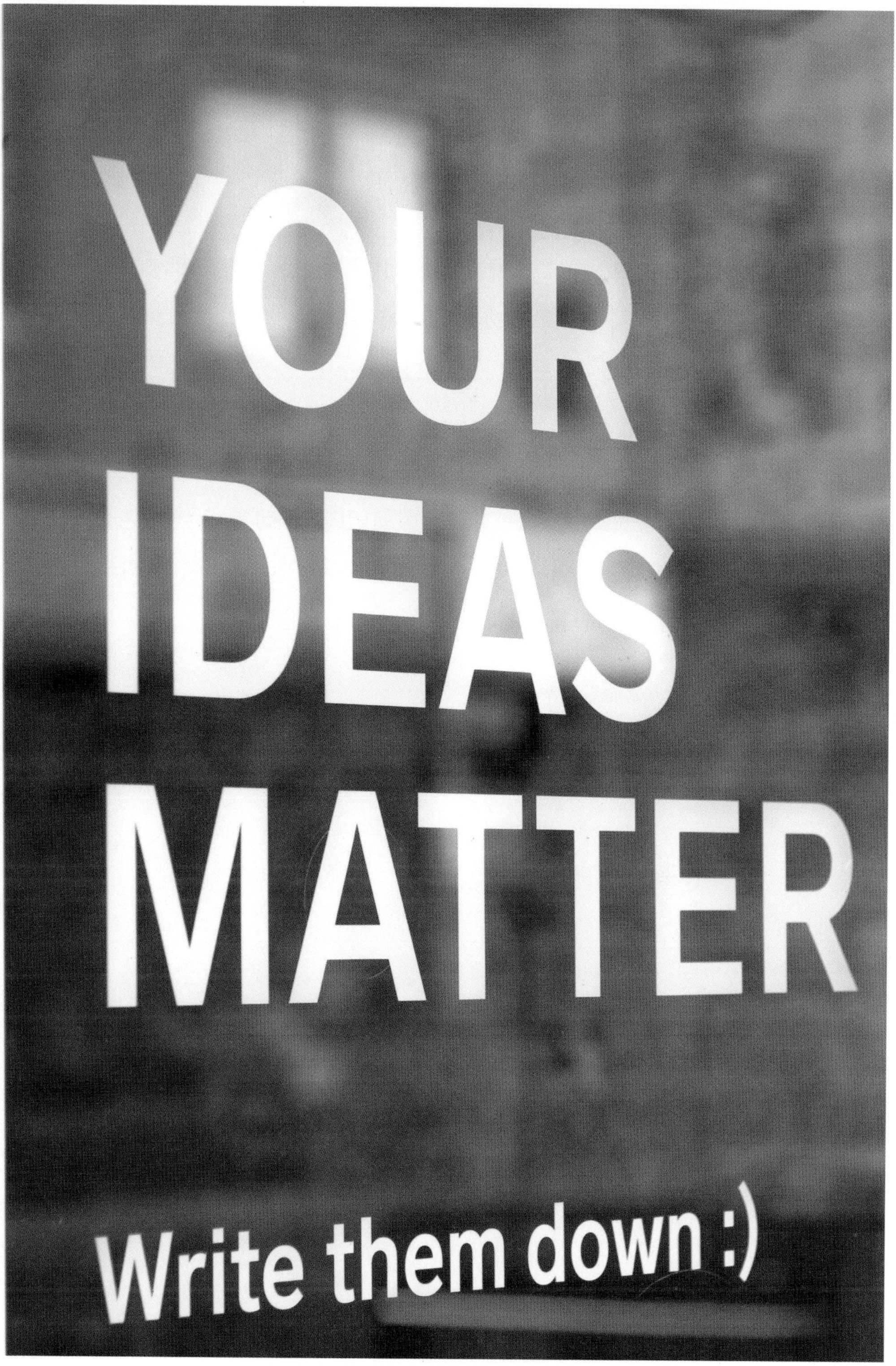
YOUR
IDEAS
MATTER
Write them down :)

육아는 힘들지만 그렇다고 포기할 수도 없다. 기업가 정신을 가지고 육아를 한다면 좀 더 나을수도 있겠지만, 육아가 단순히 '일의 영역'이라고만 단정 짓기엔 무리가 따르는 게 사실이다.

창업의 영역에서 정석으로 취급되는 디자인씽킹 프로세스에는 가장 먼저 '공감하기Empathy'가 나온다. 환경과 상황에 먼저 '공감'한 뒤 방법론을 통해 아이디어를 얻는 것이다. 육아에서도 공감하기가 중요하다. 육아의 대상자인 아이는 양육자와 생각의 구조가 다르기 때문이다.

　미국에 본사를 둔 유통업체 월마트의 창업자 샘 월튼은 1940년 아이오와주에 잡화점을 열고 열심히 일했으나 딱히 이렇다 할 성과를 내지 못했다. 그러다가 아칸소주 서북부의 작은 도시에 잡화점을 오픈하게 되었는데 이로써 월마트의 역사가 시작되었다.

　월마트는 1969년에 기업으로 성장했고, 1972년 뉴욕 증권거래소에 상장됐다. 이렇다 할 성과를 내지 못했던 창업 초창기에 만약 샘 월튼이 인내하지 못하고 사업을 포기했다면, 월마트는 지금 세상에 존재하지 못했을 것이다. 지금의 월마트는 그 직원의 수만 약 190만 명에 이를 정도로 크게 성장했다.

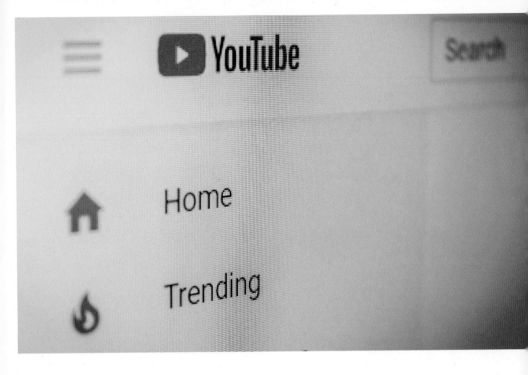

우리가 스마트폰으로 무심코 켜는 앱인 유튜브. 구글이 서비스하는 동영상 공유 플랫폼인 유튜브는 2006년에 구글이 16억 5,000만 달러에 인수했다. 구글이 인수한 지 3년이 지난 2009년엔 약 4억 7,000만 달러의 적자를 기록할 정도로 성적이 좋지 못했다. 하지만 구글은 인내하며 마치 육아를 하듯 유튜브를 키웠다. 결국 2010년부터 흑자로 전환됐고, 지금은 어마어마한 수익을 기록하며 성장하고 있다.

성공한 브랜드도 모두 초창기 양육의 과정을 거친다. 이 시기를 슬기롭게 잘 극복하여 손익분기점을 돌파한다면 인내의 결실을 맛보게 될 것이다. 창업과 육아는 크게 다르지 않다. 잘 보살피고 잘 키워내야 한다. 그래야 성장하고 결실을 얻게 된다.

CHAPTER

04

창업은
브랜딩이다

●●● 모든 창업은 브랜딩이다

브랜딩은 이성적인 인식과 감정적인 감각 작용을 동시에 고려해야 한다. 소비자에게 상품을 각인시키기 위한 방법으로 브랜드를 머리에 심어줘야만 하는데 그 과정이 바로 브랜딩이다.

외식업을 예로 들어보자. 여러 방송에 출연하며 이제는 국민 쉐프가 된 백종원은 '맛있는 음식을 저렴하게, 더 많은 사람들에게' 제공하려는 의지를 가지고 있다. 그 의지는 그가 오너로 일하는 모든 외식 브랜드에 적용되어 '새마을식당', '홍콩반점', '빽다방' 등 수많은 브랜드와 프랜차이즈 서비스를 탄생시켰다.

반면 이연복 쉐프는 다양한 국적의 음식을 다루는 백종원 브랜드와는 다르게 중식 하나만을 고집하며 상대적으로 매장에 고급쉐프들을 고용한다. 운영하는 식당 브랜드도 '목란' 하나 외에는 없을 정도로 이연복 쉐프는 선택과 집중의 브랜드 경영을 한다.

멀리서 바라보면 둘 다 똑같이 '요리를 하는 오너쉐프'라는 점에서 별다를 바가 없어 보일 수도 있지만 브랜딩의 내막을 들춰보면 전혀 다른 길을 걷고 있다는 걸 알 수 있다.

사람들은 이연복의 '목란' 음식점을 이용하기 위해 오래전부터 예약을 해야 하지만 백종원의 음식점들은 지나가는 길에 누구나 들를 수 있을 정도로 캐쥬얼하다. 이처럼 브랜드가 지향하고 있는 방향대로 그 브랜드의 정체성이 결정되고 소비자에게 그 가치가 전달되면서 브랜딩이 이루어진다.

거의 모든 자동차 제조들이 자율주행 시스템을 연구하고 개발하고 있다. 언젠가는 도로 위의 모든 자동차들이 운전자의 운전행위 없이 목적지까지 도달하는 시대가 열리게 될 것이다.

하지만 자동차 브랜드 중 단 한 곳만은 이런 자율주행 흐름에 동참하지 않고 있는데 그 곳은 바로 롤스로이스다. 초고가의 자동차인 롤스로이스를 구매하려면 여러 가지 까다로운 조건들을 통과 해야만 하는데, 그 중 하나가 바로 운전기사의 유무이다.

운전을 대신해 줄 기사가 없으면 롤스로이스 차량을 출고할 수 없으며 롤스로이스를 몰 자격에 해당하지 않는다. 따라서 롤스로이스는 무인으로 주행이 가능한 자율주행 시스템에는 관심이 없다.

롤스로이스라는 브랜드는 그렇게 브랜딩 되어있고 또 그러한 브랜드 가치를 왜곡 없이 사람들에게 전달하고 있다. 창업을 할 때 브랜딩은 앞뒤 논리의 성립이 가능한가를 먼저 고려해야 할 것이다. 그리고 보다 확실히, 그리고 확고하게 정해야만 한다.

사람들은 굳이 말을 하지 않더라도 브랜드를 향해 기대하고 있는 바가 분명히 있다. 그 부분을 디자인해가는 일이 바로 브랜딩이 될 것이다. 그리고 기대하는 바에 대한 충족이 이루어지면 창업은 결국 성공하게 된다.

어느 지역에서나 쉽게 방문할 수 있는 김밥천국에 가면 메뉴판에 적힌 수많은 음식 메뉴들 때문에 선택이 쉽지 않다. 김밥천국이라는 브랜드를 구성하고 있는 퍼즐의 조각이 작고 그 개수가 많은 것이다.

그 때문인지 유명 맛집과 비교해 김밥천국은 특출난 메뉴 하나를 고르기 어렵고 전반적으로 맛이 평준화되어 있다. 반면 소문난 맛집에 가면 메뉴의 구성이 거의 단일화되어 있으며 매장에 들어가는 순간부터 바로 "몇 인분을 시키실거냐?"는 질문부터 받게 된다. 소문난 맛집이라는 브랜드를 구성하고 있는 퍼즐의 조각이 크고 그 개수가 적은 것이다.

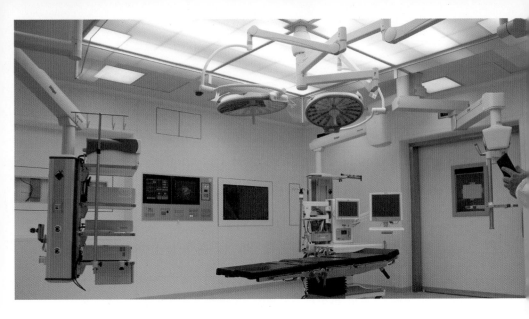

　강남에 가면 많은 성형외과들이 존재하고 있다. 자세히 보면 코 성형 전문, 쌍커풀 성형 전문, 가슴 성형 전문 등 각 병원마다 저마다의 특출난 전문 분야를 드러내고 있는 것을 알 수 있다.

　예를 들어 만약 전문 분야가 없다면 "화곡동병원", "잠실병원" 정도로만 표기 할 것이다. 병원 브랜드를 구성하고 있는 퍼즐의 크기가 매우 작아지고 그 개수가 많아진다. 선택과 집중을 하기 보다는 넓고 다양한 병의 예측범위에 있는 환자들이 그 병원을 방문할 것이다. 뚜렷한 이미지가 소비자 머릿속에 그려지지 않는다면 성공한 브랜딩이라 말하기 어렵다. 김밥천국처럼 음식점의 가치는 전달되지만 특정 음식의 이미지가 쉽게 떠오르지 못하는 결과를 초래할 수도 있다.

　퍼즐의 크기와 개수를 고려하여 창업을 구성하고 브랜딩을 계획하라. 가급적 소비자들의 머릿속에 구체적으로 그려지는 이미지를 만들 수 있다면 창업의 성공확률은 더 높아진다.

'디자인씽킹Design Thinking'이라는 단어를 많이 접해봤을 것이다. 디자인씽킹은 그야말로 '디자이너처럼 생각하라'는 일종의 방법론이다. 디자이너에게 디자인씽킹의 방법론을 전달할 필요는 없다. 이미 디자인씽킹으로 생활하고 있을테니 말이다. 디자이너에게 디자인씽킹을 역설하는 일은 마치 공학도에게 미분과 적분을 설명하는 것처럼 매우 어색한 모습이 될 수 있다.

그렇다면 씽킹디자인Thinking Design은 무엇일까? 씽킹디자인은 생각에 의미를 부여해 목적한 바를 이룰 수 있도록 돕는 일종의 방법론이다. 디자인Design은 의미부여의 결과적 형태를 가지고 있으며 디자인의 수단은 조형

적인 감각 형태로 이루어지는 것이 보통이다. 하지만 반드시 조형적 감각으로만 디자인을 완성할 필요는 없다. 더욱이 씽킹디자인은 다양한 방법으로 의미부여를 할 수 있으며, 이 과정을 이뤄내면 창업은 더욱 빠르게 성공할 수 있다.

적절한 마케팅을 통해 상품을 판매하는 데 성공했다면, 이는 고객의 씽킹을 내가 의도한 대로 디자인하는 데 성공했다는 뜻이 될 것이다. '소비'라는 행동은 머리에서 통제하며 머리는 다름 아닌 씽킹으로 구성되어 있다. 내가 창업을 해서 아무리 좋은 상품과 서비스를 제공한다고 해도 소비자의 씽킹이 반응하지 않으면 판매가 이루어질 수 없을 것이다.

어떠한 방법으로든 소비자의 씽킹디자인에 성공해야 한다. 그러기 위해서는 창업자의 씽킹부터 디자인해놔야 한다. 창업자의 씽킹은 사람들이 구매할 제품 또는 서비스를 만들기 위해 노력하도록 디자인되어 있어야 한다. 여기서 중요한 표현은 '사람들이 구매할'이다. 내가 목표로 삼고 있는 고객타깃 집단은 어떠한 제품을 구매하며, 어떤 경우에 소비행위를 하는지 면밀하게 분석하고 그 서비스를 철저히 준비해야만 창업에 성공할 수 있을 것이다.

●●● 창업은 마케팅이다

　성공적인 창업을 위해선 제품의 우수성과 마케팅의 효율성이 동시에 필요하다. 창업단계에서의 마케팅은 고객의 만족을 선제적으로 공략할 수 있는 활동이다.

　시장지향은 시장을 탐색하고 고객의 욕구를 분석하여 제품을 개발한다. 이는 수요 중심적인 창업 형태이다. 기업가 지향은 먼저 아이디어를 내고 제품을 개발해 고객과의 접점을 찾아낸다. 공급 중심적인 창업 형태이다. 마케팅의 여러 방법들 중 나의 창업 형태에 가장 적절한 마케팅 기법을 찾아 활용해야 한다.

시장지향의 모습을 보면 대기업은 풍부한 재정과 많은 전문가들을 활용해 마케팅을 진행한다. 회사가 먼저 소비자들의 욕구를 분석하고 그를 만족시키는 과정으로 진행된다.

기업가는 아이디어를 통해 사업을 시작한다. 그 다음에 시장을 탐색하는데 기업가 마케팅은 신속하고 연속적인 소규모 출시를 자주하면서 시장의 반응을 익히고 학습한다. 신규시장을 개척할 때는 기업가 마케팅이 많이 쓰인다. 창업 초기에는 마케팅을 통해 고객을 확보하고 제품 시장 적합성 개선에 초점을 둘 수 있다.

먼저 게릴라 마케팅Guerrilla Marketing에 대해 알아보자. 비즈니스 작가이자 전략가인 레빈슨Jay Conrad Levinson은 1984년에 게릴라 마케팅을 창안했다. 잠재고객이 많이 모인 곳에 갑자기 나타나 홍보를 진행하고 이를 통해 판매를 촉진하는 활동을 게릴라 마케팅이라고 한다. 타깃 집단이 모여 있는 곳에 예고 없이 나타나서 서비스나 상품을 홍보한다. 장소는 주로 야외에서 진행되며 게릴라 마케팅을 통해 저비용, 확산 등의 긍정적인 효과를 불러올 수 있다.

게릴라 마케팅은 대중 매체를 이용한 마케팅에 비해 그 범위가 협소하지만 적은 비용으로 높은 확산 효과를 기대할 수 있기에 시장에 진입한 후발주자들이 많이 이용한다. 소비자의 관심을 끌고 브랜드나 제품과 고객간의 상호작용을 불러 일으킬 수 있다.

바이럴 마케팅Viral marketing은 대중들이 SNS를 통해 자발적으로 브랜드와 제품을 홍보하는 마케팅 기법이다. 바이럴 마케팅을 진행하는 광고주는 대중들의 입소문을 통해 SNS에서 홍보 콘텐츠가 공유될 수 있기를 바란다.

바이럴 마케팅에서 가장 중요한 요소는 잠재고객을 향해 매력적이며 공유할만한 가치가 있는 콘텐츠를 개발해내는 일이다. 그 콘텐츠를 통해 창업 브랜드는 직·간접적인 노출의 효과를 거둘 수 있게 된다. 브랜드 인지도를 높이는 데 사용되는 마케팅 기법이다.

바이럴 마케팅에는 정서적인 호소력이 필요하다. 정서적 호소는 모든 바이럴 마케팅 기법 중에서 가장 효과적인 기법이라 할 수 있다. 잠재고객의 정서를 생성하기 위한 방법은 다음과 같다.

1. 사랑 또는 증오로 가득찬 감정적 콘텐츠를 만든다.

2. 바보 또는 천재적으로 극단적 형태의 콘텐츠를 제작한다.

3. 사람들이 행복감을 느끼거나 아니면 미친 듯 화나게 할 콘텐츠를 만들어낸다.

마케팅의 성공을 위해서는 관심을 끌어야 한다. 잠재고객이 전혀 예상하지 못한 뜻밖의 일이나 전혀 새로운 모습을 보여줘야 한다. 전통적인 마케팅은 해당 제품의 성능이 얼마나 우수한지를 어필하는 데 집중한다. 마케팅의 성공을 위해서는 제품을 사용하는 사용자가 얼마나 행복감을 느끼는지를 알리는 데 집중해야 한다.

인플루언서를 활용해서 효과적인 바이럴 마케팅을 진행하는 방법도 있다. 영향력이 있는 인물이 제품이나 서비스를 추천한다면 소비자들이 더 쉽게 마음의 문을 열 수 있다.

CHAPTER

05

창업은
가치 창출이다

미국 MIT에서 창업한 기업의 수는 3만 개가 넘는다. 이 곳에서 약 3백만 개의 일자리가 창출되었고, 전체매출은 약 2,000조 달러에 이른다. 스탠포드 대학에서 창업한 기업의 수는 4만 개에 이르고 이를 통해 약 5백만 개의 일자리가 창출되었다. 발생한 전체 매출은 약 3,000조 달러에 이른다.

미국의 경제를 이끌고 있는 많은 대기업 브랜드들은 거의 대부분 벤처에서 출발을 했다. 창업을 통해 혁신을 일으키고 좋은 기업을 만들어 낼 수 있다.

20대의 나이에 유명한 인플루언서이자 기업가가 된 김시현 씨는 '시현하다'라는 기업이자 사진관의 대표이다. 그녀는 자기 자신이 잘하는 것과 좋아하는 것을 찾게 되어 사진관을 운영하게 되었다고 말한다. 학창 시절부터 나만의 틈새시장이 무엇일까를 고민하던 차에 '길찾기 수업'을 듣고 자신이 그동안 해왔던 일들을 주욱 적어 내려갔다고 한다. 포토샵을 독학했던 일, 친구들의 사진을 찍어줬던 일 등 여러 내용들을 나열해 써놓고 보니 자신이 좋아하면서 잘 할 수 있었던 일이 사진관이었다고 한다. 그렇게 사진관 '시현하다'는 창업하게 되었고 지금은 기업이 되어 성공가도를 달리고 있다.

책 <1만 시간의 재발견>을 보면 1만 시간의 법칙이라는 말이 등장함과 함께 무조건 오랜 시간을 투자해야 성공하는게 아니라고 한다. 무의미하게 시간을 투자하는게 아니라 원하는 목표에 맞춰 특별하게 설계된 방법으로 시간을 사용할 때 우리에게 이득이 된다. '시현하다'의 대표 김시현 씨처럼 좋아하는 일과 잘하는 일의 교집합을 찾아서 시간을 투자하는 것이 옳다.

내가 만약 수학을 너무 잘하지만 좋아하지는 않는다면 그건 장래성이 없는 일이라 할 수 있다. 내가 좋아하는 동시에 잘하는 게 무엇인지를 정확하게 아는 게 중요하다.

스윗스팟Sweet Spot은 본래 스포츠 용어로서 야구나 테니스 등 공이 맞았을 때 가장 멀리 날아갈 수 있는 지점을 뜻한다. 경제용어로 어떤 제품이나 회사가 저조한 실적의 과거를 지나 현재 호황을 누리고 있을 때 스

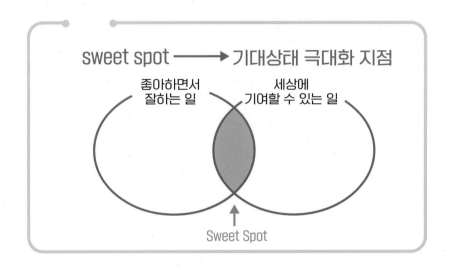

sweet spot ──────▶ 기대상태 극대화 지점

좋아하면서   세상에
잘하는 일   기여할 수 있는 일

↑
Sweet Spot

윗스팟이라는 단어를 쓰기도 하며 소비자와 친밀감이 극대화되는 지점을 표현하기도 한다.

JYP엔터테인먼트를 이끄는 박진영은 "좋아하는 것과 잘하는 것 사이에의 교집합에서 일자리를 찾아야 한다."고 말하며 자신의 강점 발견에 대한 중요성을 언급한 바 있다.

그는 "만약 당신이 음악을 좋아하고 회계를 잘한다면 JYP에 회계담당으로 입사하라."고 말하는 등 스윗스팟의 중요성에 대해 여러번 강조했다. 좋아하면서 잘하기까지 하는 일을 하며 세상에 기여할 수 있는 부분까지 고려한다면 멋진 스윗스팟이 될 것이다.

　세계적인 기업 구글Google의 창업자인 래리 페이지와 세르게이 브린은 스탠포드 대학에서 처음 만났다. 선배인 세르게이 브린은 후배인 래리 페이지를 데리고 캠퍼스를 안내해주며 이야기를 나눴다. 하지만 처음부터 두 사람은 맞지 않았다. 이 둘은 서로 성향이 달라서 만날 때 마다 티격태격을 멈출 수 없었다고 한다. 결국 둘은 서로를 극멸하는 상태까지 갔다.

　서로가 서로에 대해 건방지고 오만하다는 평가를 내리며 격렬한 논쟁이 이루어졌다. 하지만 이런 냉전 상태는 그렇게 오래 지속되지는 않았다. 지적으로 경쟁할 수 있는 상대를 찾는다는 건 좋은 기회일 수 있기에 두 사람은 생각을 고쳐 서로 협력하는 관계로 발전해나갔다.

　성향은 서로 달랐지만 둘 다 머리가 좋았고, 다행히 추구하는 지향점이 같다는 걸 확인할 수 있었다. 그렇게 래리 페이지와 세르게이 브린은 함께 손을 잡았다. 서로 보완해줄 수 있는 관계라는 걸 확인했기 때문이다. 여기서 큰 시너지 효과를 기대할 수 있었다.

HP는 윌리엄 휴렛과 데이비드 팩커드라는 두 사람이 팀을 이뤄 실리콘밸리에서 만들어 낸 회사이다. 스탠포드 대학의 동기였던 두 사람은 실리콘밸리의 허름한 창고에서 HP를 설립했다. HP는 실리콘밸리의 1세대 벤처기업이라고 할 수 있다.

두 사람의 지도교수였던 터먼 교수님은 두 사람이 가진 기술의 우수성을 확인하고 538달러를 빌려주며 창업을 해보라며 권했다고 한다. 1940년에 창고에서 벗어나 번듯한 사무실을 오픈한 휴렛팩커드는 1950년이 되어 빠르게 성장을 했고 1980년에는 삼성전자와 제휴를 맺어 삼성휴렛팩커드라는 이름으로 한국에 들어오게 된다.

스티브 잡스와 워즈니악은 HP에서 근무하며 서로 만났다. 워즈니악은 고등학교 때 이미 독학으로 컴퓨터 제조 전문가 수준의 기술력을 확보했다고 한다. 워즈니악은 엔지니어이자 공학도였고, 스티브 잡스는 기획력이 좋은 오너 기질의 사람이었다. 구글의 창업자들처럼 이 둘 역시도 너무 달랐다. 이들은 서로 시너지를 발휘하며 애플을 창업했고 세계적인 기업이 되었다.

　여기서 우리는 바람직한 창업 팀에 대해 한번 생각해 볼 필요가 있다. 합의의 좋은 부분은 서로의 가치를 공유할 수 있는지에 대한 내용일 것이다. 다름의 좋은 부분은 서로 다른 전문영역을 융합하여 시너지를 극대화할 수 있을지에 대한 내용일 것이다. 서로 가치를 공유하며 시너지를 낼 수 있다면, 혼자서 창업하는 것보다는 팀을 이뤄 하는 창업이 더 좋은 결과를 낼 수 있을 것이다.

팀을 이뤄 창업을 한다면 회사의 규모에 대한 합의점을 찾는 것도 중요할 것이다. 초창기 창업의 크기와 위치 및 브랜드 규모에 대한 목표도 서로 공유하고 합의하여 창업을 시작하는 것이 좋다.

'가족같이 일할 분 구합니다.'

이런 구인 광고 문구를 접해본 적이 있을 것이다. 가족같이 일을 하면 일의 성과는 떨어질 수도 있다. 일의 목적은 가족 같은 관계성보다는 뛰어난 업무성과에 있다. 뛰어난 업무 성과를 위해 서로 노력하는 과정에서 서로를 인정하고 또 존중해준다면 가족같이 일하는 것보다 더 좋은 결과를 가져올 수 있을 것이다.

　살면서 느끼는 불편한 점을 해결하려는 노력은 새로운 아이디어를 불러온다. 관찰을 통해서 우리 주변의 불편함을 찾고 문제로 정의할 수 있다.

　관찰에서 가장 중요한 점은 나의 경험에 빗대어 해석을 하면 안 된다는 점이다. 눈에 보이는 그대로를 관찰의 내용으로 기록해야 한다. 관찰이 아닌 해석을 하게되면 문제점을 발견하기가 어렵다. 문제점을 발견하지 못하면 개선 역시도 불가능하다.

위의 사진에서 남성을 관찰해보자.

만약 이 사진을 보고 '남자에게 기분 좋은 일이 생겼다.'라고 한다면 그건 관찰이 아닌 해석이 된다. 남자는 웃고 있다. 따라서 '남자가 웃고 있다.'라고 하는 것이 올바른 관찰이라고 할 수 있다.

위의 사진을 한번 관찰해보자.

'남자 둘이 서로 마주 앉아서 심각한 이야기를 나누고 있다.'라고 한다면 그건 해석이 된다. 사진 속 두 남자는 서로 마주 보고 앉아 있을 뿐이다. '두 남자가 서로 마주 보며 앉아 있다.'가 정확한 관찰이 된다.

자의적인 해석을 하면 안 되며, 상황을 관찰할 때 객관적으로 바라보려는 노력을 해야 한다.

　　스캠퍼SCAMPER기법은 브레인스토밍 기법을 창안한 오스본Osborn의 체크
리스트를 에이벌Bob Eberle이 7가지 키워드로 재구성하고 발전시킨 것이다.
스캠퍼는 사고의 영역을 7개의 키워드로 정해놓고 이에 맞는 새로운 아
이디어를 생성한 뒤, 실행 가능한 최적의 대안을 골라내기 때문에 브레인
스토밍보다 구체적인 안을 도출하기에 유용하다.

(1) 대체 (Substitute)

기존의 대상을 다른 대상으로 대체하면 어떨지에 대해 질문해보는 것이다. 예를 들어 원재료를 기존의 A 대신 B로 쓰면 어떨지, 제조과정에서 기존의 방식 대신 다른 방식을 채택하면 어떨지, 시간대를 바꾸면 어떻지 등에 대해 질문하고 생각해 보는 것이다.

(2) 결합 (Combine)

두 가지 이상의 것을 합치게 되면 어떠할지에 대한 질문을 해 보는 것이다. 결합을 통해 가치 있는 새로운 조합이 만들어질 수 있는지에 대해 생각해보는 것이다. 복합기는 복사기, 프린터, 팩스의 기능이 서로 결합된 대표적인 제품이다.

(3) 적용 (Adapt)

특정 대상을 다른 조건이나 목적에 맞게 조절할 수 있는지 질문해 보는 것이다. A를 B에만 쓰는 것이 아니라 C에도 쓰면 어떨지에 대해 생각해 보는 것이다. 가령, 찍찍이라고 불리는 벨크로는 식물의 씨앗이 의류에 잘 붙는 원리를 이용하여 만들어진 제품이다.

(4) 수정 (Modify)

특정 대상의 색, 형태, 소리 특성 등을 바꾸거나 확대 또는 축소할 수 있는지 질문해보는 것이다. 노트북이나 초소형 카메라는 기존 제품의 형태가 축소된 대표적인 예이다.

(5) 타용도 사용 (Put to other purposes)

특정 대상을 현재의 용도가 아니라 새로운 용도로 바꿀 수 있는지 질문해보는 것이다. 현재 용도에 만족하지 않고 혁신적인 다른 용도로 사용될 가능성을 찾는 것이다. 피부미용을 위해 사용되는 진흙의 경우 용도바꾸기가 적용된 결과라고 볼 수 있다.

(6) 제거 (Eliminate)

특정 대상의 구성 요소나 기능 중에서 일부를 제거하면 어떠할지를 질문해보는 것이다. 평상시 불편함을 느꼈던 부분을 찾아내 그것을 제거함으로써 새로운 것을 만들어내는 것이다. 무선전화기나 오픈카는 제거하기의 대표적인 예라고 할 수 있다.

(7) 순서 바꾸기 (Reverse' Rearrange)

특정 대상의 순서나 형식, 구성 등을 바꾸거나 재배열하게 되면 어떠할지 질문 해보는 것이다. 즉 AB를 BA로 바꾸면 어떠할지 생각해보는 것이다. 예를 들어 양문형 냉장고는 기존의 세로였던 냉장고 문 위치가 가로로 바뀌어 출시된 제품이라 할 수 있다.

브레인스토밍은 자유분방한 분위기에서 비판하지 않고 많은 양의 아이디어를 제시하기에 유용하다. 하지만 한 쪽으로 내용이 치우쳐질 우려가 있고 다각적인 시각에서의 접근이 어렵다는 단점이 있다. 브레인스토밍 외에도 다양한 사고기법들을 통해 수평적 의사표현을 할 수 있다.

　스캠퍼기법은 창의적인 사고기법이며 다양한 생각의 유도가 가능한 발상도구라 할 수 있다.

　대체Substitute에서 몇 가지 예를 들어보면 우유를 목욕 용품으로 대체한다거나 치약 대신 가글로 대체하는 일, 주식인 쌀을 과자로 대체하기 등을 들 수 있다.

　결합Combine의 예를 들자면 휴대폰에 카메라가 달려있는 것이나 에어컨과 공기청정기가 결합된 제품 등을 생각해볼 수 있다.

　적용Adapt은 조명 램프를 적용한 살균램프나 태양 에너지를 이용한 전열판 등을 예로 들어볼 수 있을 것이다.

수정Modify에는 엠보싱 화장지나 대형TV 등을 예로 들 수 있을 것이다.

타용도 사용Put to other purposes의 예를 들면 스타킹을 보온용을 사용하거나 유모차를 노인용 보행 보조도구로 사용하는 일 등을 생각할 수 있다.

제거Eliminate는 무선 청소기, (칼날이 없는) 레이저 칼, (필름이 없는) 디지털 카메라 등을 생각할 수 있다.

순서 바꾸기Reverse, Rearrange에는 손장갑에서 벙어리 장갑의 아이디어를 얻는다거나 페달을 뒤로 밟아도 앞으로 가는 자전거와 같은 예를 들어볼 수 있을 것이다.

CHAPTER

06

창업은
고객개발이다

objetivo

1 leer 6 libros
2 realizar curso nuevo
3 ser mas agradecida
4 Menos pantallas
5 Planear Comida se
6 Rutina de noch
7 Gimnasio dic
8 Mejorar reci
9 Mejorar mis
10 Planear v
11 Agua t
12
13
14
15
16
17
1

Enero
Ardar algo nuevo
Rutina de noche
Leer 10 pg c/dia
correr 5 Kilometros

Abril
Menos tv
escuchar Podcast
Limpiar Computador
Comenzar Libro

Julio
Mas tiempo libre
Lista agradecimiento
menos excusas

Agosto
nuevo curso
escribir cada dia
Comenzar Libro

Octubre
Comenzar Libro

Noviembre
Mejorar fotogra

Mayo
beber mas agua
Meditar

leer
Lista c
coment
Comenzar
Agua, t lim

Sept
Termina
menos re

신제품과 서비스를 개발하기 위한 아이디어를 낼 때 '명사'가 아닌 '동사'로 생각을 하는 것이 좋다. 그러면 아이디어가 조금 더 빠르게 떠오를 수 있게 된다.

만약 '카드'라는 명사의 제품으로 떠오르는 단어나 내용을 적는다고 하면 이런 내용들이 떠오를 것이다.

- 00카드   - 카드포인트
- 카드혜택   - 사은품
- 카드할인율   - 할부 수수료

이번에는 '카드를 사용하다'라는 동사의 제품으로 떠오르는 단어, 내용을 적거나 그림을 그려보면 이렇게 될 것이다.

- 카드로 결제하는 모습
- 온·오프 간편 결제하는 모습
- 웨어러블 용 결제기기
- 결제 센서
- 선물사는 날

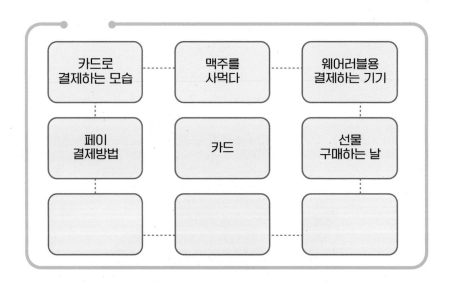

그림처럼 9칸의 박스를 그려놓고 가운데엔 주제어를 적는다. 그리고 그 주변으로 소비자의 경험을 소비자 입장에서 동사로 생각하고 정리해서 적어본다.

이번에는 '면도하다.'라는 동사의 제품으로 떠오르는 단어 또는 그림, 내용들을 적어보자.

- 면도크림을 바르는 모습
- 얼굴에 브러쉬하는 모습
- 여성이 다리를 면도하는 모습
- 면도 후 바르는 크림
- 면도 전문 샵

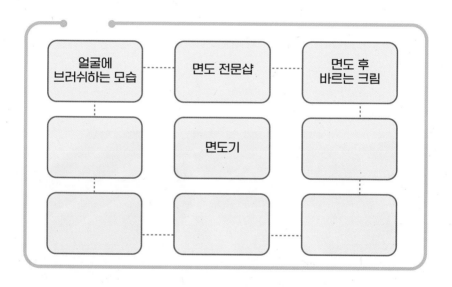

마찬가지로 9개의 칸을 그려놓고 가운데 주제어를 적은 다음 주변으로 아이디어들을 동사 형태로 정리해서 적어 넣는다. 새로운 아이디어를 얻는 데 도움이 될 것이다.

'초콜릿'을 먹다, 만들다, 선물하다 라는 동사에 대해 떠오르는 내용을 적어보자.

- 기념일에 먹는 초콜릿 모습
- 다른 식감의 초콜릿 맛
- 유치원 아이가 먹는 초콜릿
- 아이들에게 선물하는 모습
- 피곤할 때 먹는 초콜릿 모습

아이디어는 '동사'여야 한다. 당신이 생각하고 있는 창업 아이디어를 한 문장으로 적어보자.

위 아이디어를 도출할 수 있는 핵심 동사는 무엇일까?

●●● 고객 관찰하기

창업의 주제를 선정했다면 이제는 나의 고객을 관찰하는 실습을 해야
한다.

주변의 제품이나 상황을 주제로 선정하고 다음 관찰 표를 작성해보자.

우리의 제품 또는 서비스	
우리의 고객 (관찰대상)	
언제	
관찰자	
사용자 (관찰대상)	
새롭게 안 사실	
관찰 이전에 잘못 알고 있던 내용들	

이제는 고객과 인터뷰를 진행해보자.

고객 인터뷰는 단순한 질문을 넘어서 고객의 마음을 읽는 시간이라 할 수 있다.

인터뷰 중 유의할 사항은 다음과 같다.

- 인터뷰 중 사용자소비자 이야기를 최대한 많이 청취해야 한다.
- 인터뷰 중 사용자소비자들의 숨은 행동들, 원하는 점들, 불편한 점들이 무엇인지 찾도록 한다.
- 미리 준비한 설문지 그대로만 묻고 답하는 것으로 끝내지 말고 추가 적인 의문이 드는 내용은 질문하고 메모한다.
- 인터뷰 설문지 주제를 설정하고 전체 방향을 준비해야 한다.

　예를 들어 새로운 숙박업 아이템을 개발했다면, 숙박업 서비스를 이용하는 소비자와 인터뷰를 진행해 왜 이용하는지에 대한 이유를 알아내야 한다. 대체 가능한 유사 아이템을 사용할 수 있기 때문에 같은 소비자군을 대상으로 알아본다.

왜 숙박업소를 찾으시나요?	짧은 여행 또는 친구들과 모여서 놀기도 합니다.
왜 친구들과 모이나요?	축하 파티를 열기도 하고, 이벤트를 하기도 합니다.
파티는 왜 하나요?	생일 또는 기념일을 축하하기 위해서입니다.
축하는 왜 하나요?	축하를 통해 친구들과 함께하는 시간을 갖고 또 즐기기 위해서입니다.

인터뷰의 내용을 정리해보면 숙박업소를 찾는 이유는 단순히 잠을 자는 공간으로 끝나는 것이 아니라 친구들과 함께하는 시간이라는 요소가 연결되어 있다.

만약 아이템을 카페인 음료로 정했다면 다음 인터뷰를 통해 고객의 마음을 이해할 수 있다.

왜 카페인 음료를 마시나요?	잠에서 깨기 위함입니다.
왜 잠에서 깨야 하나요?	공부를 해야 하기 때문입니다.
왜 공부를 해야 하나요?	시험점수를 잘 받아야 합니다.
왜 시험 점수를 잘 받아야 하나요?	취업을 잘해야 하기 때문입니다.

인터뷰의 내용을 종합해보면 카페인 음료는 취업과 연결이 되어 있음을 알 수 있다.

●●● 숨겨진 고객의 니즈

　스스로 양치질을 하기 어려운 사람들이 있다. 거동이 불편한 장애인을 위해 흐르는 양칫물이 전동칫솔에 저절로 빨려 들어간다면 얼마나 편리할까를 생각한 사람이 있다. 블루레오라는 기업의 대표는 대학교 때 장애인 봉사활동을 했었다. 그때 거동이 불편한 장애인의 양치가 불편하다는 점을 목격하고는 자신이 공대 출신이라는 점을 살려 제품 개발에 착수했다.

　블루레오 대표는 물이 빨려 들어가는 석션의 기능이 결합 된 전동칫솔을 개발하여 구강 내부의 양칫물이 빨려 들어가도록 기능의 칫솔을 개발하였다. 장애인들이 스스로 양칫물을 뱉기 어려워 어쩔 수 없이 그냥 넘겨버려야 했던 불편함을 해결해야겠다고 생각하고 제품을 개발했다.

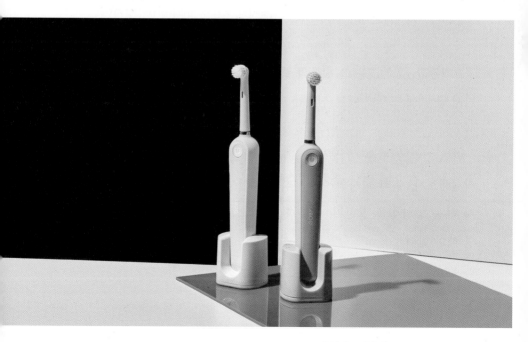

세상에 존재하지 않는 아이템을 개발해서 불편함을 해소하는 건 블루오션을 개척하는 전략과도 일맥상통한다. 장애인을 돕는 자원봉사자 활동에서 아이디어를 얻고 시장의 기회를 확인해 창업을 하게 된 케이스라고 할 수 있다. 자원봉사 활동에서 고객의 숨겨진 니즈를 확인하게 된 경우라고 볼 수 있다.

블루레오의 신제품 개발 케이스는 한 문장의 아이디어, 우리 회사의 아이덴티티, 가치, 쓸모로 정리하여 볼 수 있다. 정리한 표는 다음과 같다.

한 문장의 아이디어	석션 기능을 가진 신개념 칫솔
우리 회사의 아이덴티티	사회적 약자를 위한 복지 디자이스 제조
가치	사회적 약자가 편하게 살 수 있는 세상
쓸모	사회적 약자(장애인, 노인, 유아)의 불편한 양치 개선

고객관찰Observation은 그 제품과 서비스를 사용할 고객들의 삶 속에 들어가서 볼 때에 고객에 대한 진정한 이해가 가능하다.

위와 같은 정리를 내가 개발하는 창업 아이템에 적용하여 다음 표를 작성해보자. 우리 회사의 아이덴티티는 결성 된 우리 회사팀가 나아가고자 하는 방향성을 말한다. 이를 한 문장으로 작성하고 만들어보는 연습을 해야 한다.

한 문장의 아이디어	
우리 회사의 아이덴티티	
가치	
쓸모	

인지된 니즈Perceived Needs는 점진적 혁신이다. 인지하지 못했거나 해결책이 없다고 포기, 좌절한 고객의 잠재적 니즈Latent Needs는 급진적 혁신이다. 다음 표를 보자.

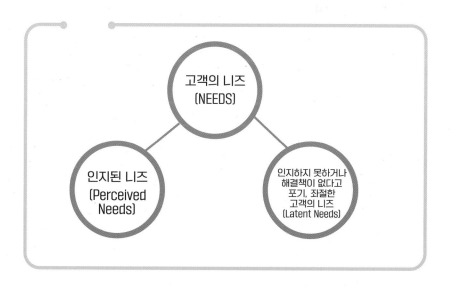

고객의 니즈는 크게 인지하지 못하거나 해결책이 없다고 생각하는 것과 인지된 니즈로 구분할 수 있다.

어두운 밤에 사진을 잘 찍고 싶은 니즈가 있다. 초점이 흔들리지도 않고 잘 보이는 사진을 찍어주는 카메라를 개발하여 제품화를 한다면 이건 인지된 니즈이며 점진적 혁신이라고 한다. 반면 해결책이 없다고 생각하거나 인지하지 못한 니즈들을 찾아내서 해결하는 걸 급진적 혁신이라고 한다.

다음 표에 인지된 고객의 니즈를 적어보자.

인지된 고객의 니즈	

다음으로 가능한 솔루션을 찾지 못했지만 우리가 발견한 고객의 니즈를 적어보자.

인지하지 못했거나 솔루션이 없어 포기한 고객의 니즈	

우리가 생각한 아이디어는 점진적 혁신일까? 아니면 급진적 혁신일까? 그 부분을 정리하여 기록해두자.

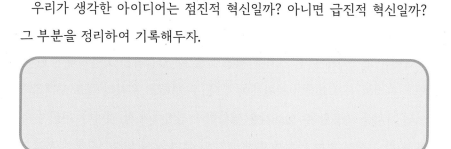

하나의 제품을 만드는 데 성공했으면 이제는 그 다음 제품을 만드는 데 노력을 기울여야 한다. 다시 블루레오의 칫솔로 돌아와서 이야기를 해보자. 석션기능이 있는 칫솔을 만들었다면 그 다음 제품은 가정용 칫솔을 만들수도 있고, 병원용 칫솔을 만들 수도 있다. 애플이 아이폰을 성공시킨 이후에 그 다음 제품으로 아이패드를 만들었듯이 다음 제품을 고민해야 한다.

블루레오의 입장에서 보면 칫솔 제조가 우리 회사의 강점인지, 아니면 몸이 불편하거나 장애를 가진 환자를 돕는 제품을 만드는 게 우리 회사가 나아가야 할 방향인지를 결정하고 정체성을 확립해야만 그 다음 제품의 방향성이 결정될 것이다.

우리 회사의 아이덴티티	
우리 회사가 만들 다음 제품	

••• 고객 가치 제공

이제는 고객에게 어떤 가치를 제공해 줄 수 있을지를 고민해봐야 한다. 먼저 우리의 목표고객이 명확해야 한다. 두 번째로 우리의 목표 고객에게 어떤 가치를 제공할 수 있을지를 명확하게 정립해야 할 것이다. 우리가 목표로 한 고객이 얻는 가치를 통해 고객의 삶이 개선 되었는지를 살펴보는 게 그 다음 순서가 되겠다. 마지막으로 고객 가치가 시장에서 경쟁력을 가지고 있는지를 검토해 보는 것을 순서로 할 수 있다.

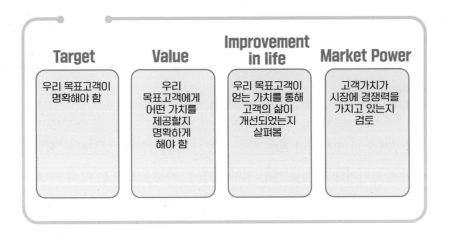

콘셉트디자인Concept Design은 고객의 니즈를 제품 컨셉으로 구체화하는 단계이다. 고객에게 무슨 가치를 줄 것인가는 다시 말해 고객의 니즈를 제품으로 디자인하라는 뜻이 될테다. 다음 표를 완성하며 콘셉트디자인에 대해 생각해보자.

최근 이슈가 되고 있는 제품들을 적어보자.	우리 고객들은 왜 이 제품을 사용하며 이 제품이 어떤 혜택을 제공해주고 있는지를 적어보자.

대학생이 만든 커피 바Coffee Bar가 있다. 이 커피 바는 천연 원료로 만든 에너지 커피바이다. 미국 노스이스턴 대학에 다니는 존이 파야드와 알리 코다 라는 두 학생은 아침에 일어나서 너무 바쁜 시간 안에 커피를 마시기 어렵다는 점을 확인하고 개선하기 위한 방법을 찾다가 커피 바를 개발 했다.

수업에 늦지 않기 위해서는 커피 마시는 시간을 포기할 수밖에 없었는데, 카페에 줄을 서서 커피를 사기 위한 시간을 비용Cost으로 여긴 것이다. 따라서 커피를 살 수 없는 이런 문제를 해결하기 위해 커피를 마시지 않고 커피를 먹자는 아이디어를 착안했다고 한다.

"커피를 먹자Eat Your Coffee"라는 슬로건을 내걸고 판매를 시작한 두 대학생은 뉴 그라운드 푸드라는 회사를 설립했고, 대학 내 비즈니스 플랜 경진대회에 소개되며 투자를 받게되었다.

창업자의 인터뷰를 보면 아침 수업에 늦어 모닝 커피를 마실 시간이 없었고, 장난식으로 왜 커피를 먹을 수 없을까 하는 생각을 했다고 한다. 그 직후 그들은 대학 기숙사 주방에서 실제로 커피를 에너지 바 형태로 만들기 시작했고, 주변 친구들에게 테스트한 뒤 도서관에서 판매하기 시작했다.

2015년 1월에 공식적인 첫 판매를 시작했고 그 해에만 약 10만 개의 커피바를 판매하는 데 성공했다. 두 청년은 직접 보스턴 거리를 돌아다니며 지역의 작은 가게에 팔기 시작했고, 제품을 접한 사람들로 하여금 주문이 들어오게끔 만들었다. 2017년에는 약 40만 개의 판매를 기록했다.

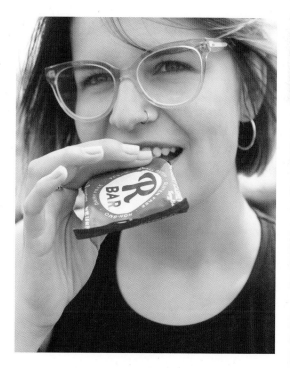

커피 바는 기존 에너지 바의 기능을 잃지 않고, 마시는 커피를 대용할 수 있는 커피가 함유된 바Bar로서 공정 무역을 통해서 얻어진 천연 원료를 사용한 제품이다.

그럼 이 커피바의 사례를 바탕으로 숨겨진 고객니즈의 가치제안을 구성해보자. 다음 표에 내용이 있다.

우리의 브랜드 또는 제품 명은 무엇인가?	Coffee Bar
어떤 문제를 해결했는가?	아침에 바빠서 아침을 먹을 시간이 없고, 커피를 마시고 싶지만 카페에 들러 줄을 서가며 커피를 살 시간이 없는 사람들의 문제를 해결
우리의 고객은 누구인가?	강의나 회의에 참석하기 위해 바쁘게 뛰어야 하는 학생 또는 직장인들
우리의 제품은 누구를 통해서 팔리게 되는가?	상점 또는 전문 도소매인, 우리의 웹사이트
기존 제품에 비해 우리의 제품 및 서비스가 가지는 장점은 무엇인가?	에너지바와 커피 두가지의 효용을 동시에 제공
현재 경쟁제품과의 차별점은 무엇인가?	천연 원료로 만들어진 점과 공정 무역 커피를 사용한다는 점
한 문장으로 위의 모든 내용을 담아 표현 한다면?	커피바는 기존 에너지바의 기능을 잃지 않고, 마시는 커피를 대용할 수 있는 커피가 함유 된 바(Bar)이며 공정무역을 통해 얻어진 천연원료를 사용해 믿을 수 있는 제조사가 만든 제품이다.

이 내용처럼 우리의 창업 아이템을 분석하여 다음 표를 작성해보자.

우리의 브랜드 또는 제품명은 무엇인가?	
어떤 문제를 해결했는가?	
우리의 고객은 누구인가?	
우리의 제품은 누구를 통해서 팔리게 되는가?	
기존 제품에 비해 우리의 제품 및 서비스가 가지는 장점은 무엇인가?	
현재 경쟁제품과의 차별점은 무엇인가?	
한 문장으로 위의 모든 내용을 담아 표현 한다면?	

"기술만으로 충분하지 않다는 것, 그 철학은 애플의 DNA에 내재되어 있다. 가슴을 울리는 결과를 내는 것은 사람에 대한 이해와 결합된 기술임을 우리는 믿는다."

—스티브 잡스 (애플의 창립자, 前CEO)

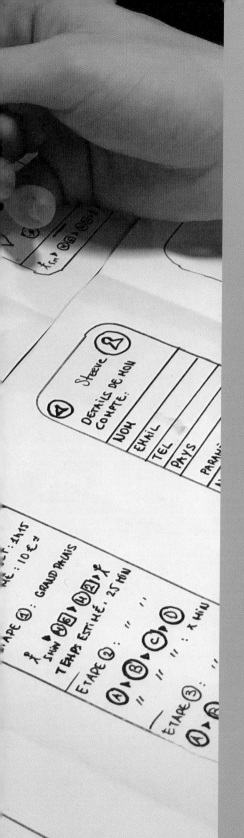

CHAPTER

07

창업과
디자인씽킹

디자인씽킹으로 새로운 신제품을 개발할 수 있고 새로운 서비스를 개발할 수 있다. 브랜드 역시도 디자인씽킹으로 개발이 가능하다. 현 시대적으로 볼 때 디자인씽킹은 모든 비즈니스의 기본이 되는 기법이라 말할 수 있다.

디자인씽킹은 쉽게 말해 디자이너들이 생각하는 방식대로 생각하는 것이라 할 수 있다. 여기에서 핵심은 '디자이너처럼 생각하라.'는 것이 될 것이다. 일반인들과 디자이너들의 일하는 방식은 생각보다 많이 다르다. 과연 그 다른 방법이 무엇일지 생각을 해 볼 필요가 있을 것이다.

일반 회사에서 근무하는 사람들은 PEST기법을 많이 활용한다. P는 정치, E는 경제적 변화, S는 사회적 변화, T는 기술적 변화에 대한 이야기를 한다. 이런 내용들을 가지고 전체적인 통계나 트렌드를 분석하고 전문가 인터뷰 등을 연결해나간다. PEST는 일반적인 방법론이라 말할 수 있다.

디자이너의 관점으로 본 디자인씽킹은 해당 매장에 직접 방문해서 관찰하거나 관련자들을 만나서 직접 인터뷰를 진행한다. 산업 분야별 업계에서 요구하는 문제가 있을 텐데 이 문제의 해결 방법을 디자인씽킹으로 풀어나가는 것이다.

디자인씽킹은 가상의 인물을 설정해서 10년 또는 20년 후에 벌어질 어떤 변화에 대한 구매 습관이나 패턴 등의 시나리오를 만들고 예측하기도 한다.

미국 디자인 전문업체 IDEO사의 CEO인 팀 브라운Tim Brown은 디자인씽킹에 대해 다음과 같이 정의했다.

"소비자들이 가치 있게 평가하고 시장의 기회를 이용할 수 있으며, 기술적으로 가능한 비즈니스 전략의 요구를 충족시키기 위해 디자이너의 감수성과 작업방식을 이용하는 것"

"디자인씽킹은 문제를 해결하고 세상을 바꾸는 발명이다."

디자인은 인간의 신체적, 물질적인 만족을 넘어서 감성적인 부분까지도 만족을 줄 수 있어야 한다. 따라서 디자인은 외형적인 측면만이 중요한 것이 아니라 그를 사용하면서 느끼는 감각적인 부분까지도 만족시킬 수 있도록 함께 고려해야 한다는 것이다.

●●● 통합적 사고방식

디자인씽킹의 권위자인 로저 마틴 교수는 디자인씽킹을 다음과 같이 정의 내렸다.

"사용자 중심의 사고를 기반으로 디자이너들이 문제를 해결하거나, 기발한 콘셉트를 만들기 위해 행하는 사고의 과정을 일반화 시킨 방법론이다."

여기서 중요한 부분은 '소비자 중심'이라는 점이다. 다음 그림은 로저 마틴의 디자인씽킹 핵심 구조를 표현한 그림이다.

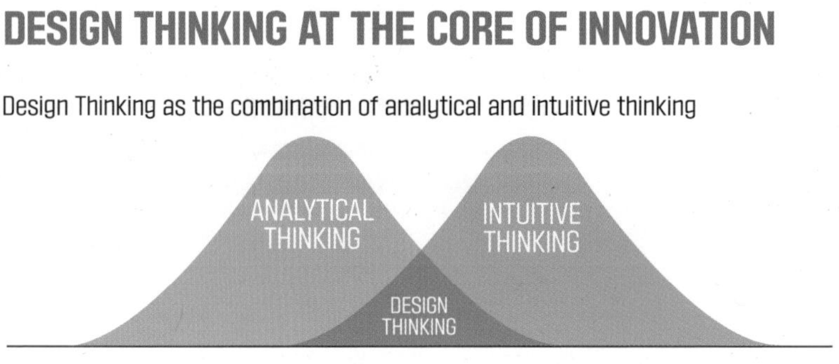

DESIGN THINKING AT THE CORE OF INNOVATION

Design Thinking as the combination of analytical and intuitive thinking

ANALYTICAL
THINKING

INTUITIVE
THINKING

DESIGN
THINKING

Source: Adapted from Martin R., The Design of Business: Why Design Thinking Is the Next Competitive Advantage, Harvard Business Review Press, 2009.

분석적인 생각과 직관적인 생각의 교집합 지점이 디자인씽킹이라고 할 수 있다. 둘 중 하나를 선택하면 나머지 하나는 포기해야 하는 양자택일적인 사고를 버리고 두 대안의 장점을 통합하여 새로운 대안을 창조해야만 새로운 차이를 만들 수 있다. 분석적인 사고에 기반을 둔 분석적 숙련과 직관적 독창성이 역동적으로 상호작용하며 균형을 이루는 것이 디자인씽킹의 혁신적 가치이다.

미국 스탠포드 대학의 D-School에서는 디자인씽킹을 교육한다. 이곳은 학위과정이 아님에도 불구하고 아주 높은 인기를 올리고 있다. 스탠포드 대학의 재학생들이 D-School에 지원을 해서 합격을 해야만 수업을 들을 수 있는 것이다. 비학위과정임에도 불구하고 다양한 전공의 학생들이 모여서 문제 해결 능력을 키우고 있다. D-School은 창의적으로 사고하는 방법을 배우기 때문에 혁신 자체를 주입하기보다는 혁신가를 기르는 곳이라는 평가를 얻고 있다.

전 세계적인 업무용 어플리케이션 소프트웨어 회사인 SAP 창업주인 '하쏘 프래태너'가 스탠포드대학에 350만 달러를 기부했다. 스탠포드대는 기부금을 사용하여 '사용자와 공감하며 혁신적인 관점으로 문제를 해결하고 생각을 디자인하는 방법'을 가르칠 수 있도록 D-School을 만들게 된다.

D-School의 교수들은 학생을 일방적으로 가르치지 않으며 Learn by doing을 통해 함께 문제를 해결해 나간다. 다양한 배경지식을 가진 학생들이 협업을 통해 문제를 찾아내고 문제의 해결을 혁신적인 결과물로 만들어내는 곳이라 할 수 있다.

창조적 아이디어가 다양성과 다름에서 나온다는 가르침을 학생들에게 주고 있다.

디자인씽킹을 통해 세상을 바꾸어가는 기업들 중 하나가 바로 미국의 IDEO사라고 할 수 있다. IDEO사는 1978년도에 창업을 했고 1991년부터 본격적인 성장이 이루어진 기업이다. 세계적인 디자인컨설팅 기업이다. 디자인씽킹의 방법으로 디자인컨설팅을 이어간다.

IDEO사에서 개발한 아쿠아덕트라는 자전거가 있다. 이 자전거는 깨끗한 물을 마시기 어려운 개발도상국을 위해 디자인되었다. 물을 자전거에 싣고 페달을 밟으면 페달이 움직이는 동력으로 펌프가 작동해서 물을 깨끗하게 정화시키는 아이디어가 탑재된 자전거이다. 자전거를 타기만 하면 더러운 물이 깨끗하게 정화되어 마실 수 있는 상태가 되는 것이다.

스탠포드 D-School에서는 디자인씽킹의 5단계를 설명하고 있다.

[1] 공감하기 (Empathize)	[2] 정의하기 (Define)	[3] 아이디어 내기 (Ideate)	[4] 프로토 타입 (Prototype)	[5] 시험·검증 (Test)
관찰-인터뷰 고객의 니즈 발견	공감하기 에서 얻어낸 니즈로 고객 의 문제점 정 의하기	문제해결을 위한 아이디어 (브레인 스토밍 기법 활용)	시제품 제작	제품이 아닌 서비스일 경우에는 스 토리보드를 만들기

1단계 공감하기Empathize 단계에서는 대상에 대한 공감을 위해 관찰 및 인터뷰가 진행된다. 고객의 니즈를 발견하는 아주 중요한 단계라 볼 수 있다. 1단계에서는 고객을 설정하고 이해하기 위한 노력을 진행해야 한다. 고객이 원하는 게 무엇인지 그 니즈를 파악하기 위한 노력을 진행한다. 관찰과 인터뷰 등을 통해 고객의 니즈를 찾는다.

2단계 정의하기Define 단계에서는 공감하기 단계에서 얻어낸 니즈를 가지고 고객의 문제점을 정의하는 과정을 수행하는 단계라 할 수 있다. 고객에게 어떤 요소들이 필요한지를 정의 내린다.

3단계 아이디어Ideate 단계에서는 문제해결을 위해 아이디어를 발산한다. 브레인스토밍이나 What if와 같은 기법들을 활용하여 아이디어단계를 진행한다.

4단계 프로토타입Prototype 단계에서는 아주 간단한 작동원리를 넣어 시제품을 제작한다. 간단하고 저렴하게 만들 수 있는 샘플 수준의 제품 제작이라 할 수 있다. 쉽고 빠르게 만들 수 있는 방법을 택하는 것이 중요하다.

5단계 시험·검증Test 단계에선 직접 사용해보고 문제점들을 도출한다. 제품이 아닌 서비스의 경우에는 스토리보드를 단계별로 만들어서 개선점을 찾아낸다.

디자인씽킹의 예시로 카카오뱅크를 들 수 있다. 디자인씽킹을 통해 카카오뱅크가 도출한 문제점은 공인인증서나 보안카드의 휴대가 너무 불편하고 해외송금도 어렵다는 점이었다. 여기에 착안해 기존 은행들의 서비스에 대한 사용자들의 불편함에 공감해서 만들어진 서비스가 카카오뱅크라 할 수 있다.

카카오뱅크는 사용자 중심적 서비스로 큰 성공을 거뒀으며 한국 대형은행들의 서비스 혁신을 견인했다고 평가할 수 있다.

대형은행들은 은행 수익의 60%를 지점 운영에 사용한다. 하지만 카카오뱅크는 지점 운영을 하지 않고 100% 온라인으로만 운영하여 기존에 유지되던 비즈니스모델을 바꾼 사례라고 할 수 있다. 비즈니스모델이란 간단히 말해 수익을 창출할 수 있는 구조라고 생각하면 된다.

디자인씽킹은 사용자 중심의 사고를 기반으로 디자이너들이 문제를 해결하거나 기발한 콘셉트를 만들기 위해 행하는 사고의 과정을 일반화시킨 방법론이라고 말할 수 있다.

필립스사의 키튼 스캐너Kitten Scanner는 소아 환자의 MRI 촬영 시 거부감을 낮추기 위해 장난감을 먼저 MRI 기계에 넣을 수 있도록 만든 장치다. 기존까지 소아 환자의 MRI 촬영 시 진정제를 투여했지만 필립스는 아이들이 MRI를 영상 촬영 놀이로 인식하게끔 만들어 사전 경험하게 하고 무서움이나 불안감을 줄여 문제를 해결했다. 이로써 진정제 투여로 인한 소아 환자의 2차 위험까지도 막을 수 있었다.

이렇게 소아 환자들의 경험을 바꾼 결과, 촬영 소요 시간을 15% 이상 단축할 수 있었고 방사선에 노출되는 사례도 25% 이상 감소시킬 수 있었다. 아동 환자의 마취도 30% 이상 줄이는 효과를 얻을 수 있었다.

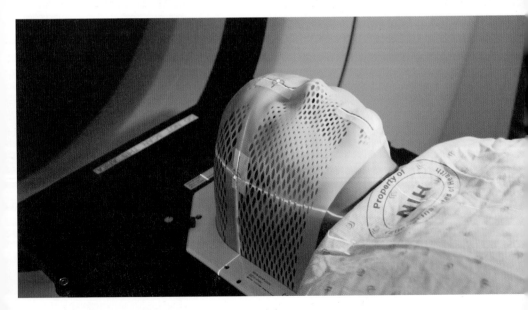

미국 IDEO사의 CEO 팀 브라운은 디자인씽킹의 과정을 3단계로 분류했다. 3단계는 <공감 – 아이디어 도출 – 프로토타입 제작 및 테스트>이다.

1단계인 공감 단계에서는 사람들의 일상을 직접 체험하고 관찰하며 고객이 느끼는 문제를 파악하고 일상속에 숨겨져 있던 니즈를 파악한다.

2단계인 아이디어도출 단계에서 IDEO는 브레인 스토밍을 통해 다양한 아이디어를 얻는다. 수많은 아이디어들 중에서 최고의 아이디어를 채택한다. IDEO사는 1시간 동안 평균 100건 이상의 아이디어를 낸다고 한다.

3단계인 프로토타입 제작 및 테스트 단계는 도출된 아이디어를 바탕으로 시제품이나 시범 서비스를 만들어서 고객에게 선보이고 평가를 받는다. 만약 실패할 경우엔 성공적인 결과물이 나올 때 까지 지속적으로 개선하고 보완한다.

CHAPTER

08

공감하기

••• 디자인씽킹의 관찰

공감하기는 무엇이 문제인지 정확히 파악할 수 있는 디자인씽킹의 가장 중요한 첫 단계라고 할 수 있다. 사용자에 대한 공감대를 형성하고 이를 통해 문제를 파악하는 단계이다. 사용자의 잠재적 요구사항이 무엇인지 파악해본다.

상대방의 입장이 되어 생각하는 단계를 넘어 직접 그들의 입장이 되어 느껴보는 것이다. 인지적인 공감에서 정서적인 공감까지 아우를 수 있어야 한다. 공감하기에서 가장 중요한 것은 사용자를 먼저 생각하는 것이다.

상대방의 입장에서 공감을 하고 그를 바탕으로 영감을 얻는 게 매우 중요하다. 공감은 우리가 상황을 관찰하고 문제점을 발견하는 과정이라고 봐야 할 것이다. 가능한 많은 사실과 현상에 대한 데이터를 수집해야 한다. 수집한다는 것은 우리가 관찰을 통해 어떤 현상을 보고 정리를 하고 체크를 하는 것으로도 진행할 수 있다.

여기서 유의할 점은 상대소비자가 원하는 것, 느끼는 감정을 내가 이미 알고 있다고 생각하면 안 된다는 것이다. 그럼 주관적인 관점이 개입되어 관찰이 아닌 해석이 되어버릴 수 있다. 어떤 현상을 보고 그 현상에 대해 정확한 사실을 인지하는 것이 가장 중요하다. 그렇지 않으면 진정한 공감을 이룰 수 없다. 관찰에서 가장 중요한 점은 소비자에게 집중하는 일이다.

관찰을 통해 사용자가 느끼는 문제점을 해결하는 것에 그 목표가 있다. 또한 사용자가 바라는 가치를 더해 주어야 한다. 사용자의 만족도 역시 극대화시킬 수 있는 방법으로 기획을 해야할 것이다. 사용자의 말과 행동을 유심히 관찰하는 태도가 필요하다.

디자인씽킹에서의 관찰Observe은 사용자를 가만히 오랜 시간 동안 관찰하는 것이다. 여기에 주관적 해석이나 소통이 있어서는 안된다. 관찰의 목적은 숨어있는 니즈와 불편함Pain Point을 찾아내는 것이다. 비언어적인 단서표정, 행동 등와 바디랭귀지를 찾아내 그를 이해하려고 노력해야 한다.

디자인씽킹의 관찰에는 규칙이 있다. 벽에 붙은 파리가 되는 것이다. 벽에 붙은 파리는 파리가 있다는 사실을 알아 채기 전까지 그 존재를 알 수 없다. 즉, 관찰 대상에 그 어떤 영향도 주어선 안 된다는 점이다. 관찰 대상과 적당히 떨어져서 내가 그 사람을 관찰한다는 걸 모르게끔 관찰하는 것이다. 그래서 CCTV를 이용해 관찰을 하는 방법이 있기도 하다. 관찰 대상의 행동에 절대 방해를 주어서는 안 된다.

관찰기법에는 A-E-I-O-U 기법이 있다. 이 기법은 우리가 무엇을 관찰할 것인지에 대한 방향성을 제시해주는 방법론이라고 이야기할 수 있다.

[A] Activities

사람들이 어떤 활동을 하는지 보는 것이다. 관찰을 할 때 저 사람들이 어떤 활동을 하는지를 고민하면서 보는 것이다. 내가 설정한 장소마트, 카페 등에서 고객이 어떻게 활동을 하고 있는지를 관찰한다. 상대가 물건을 만져보거나 집어 드는 활동 등 다양한 활동을 관찰하고 수집한다.

[E] Environments

사용자의 환경이 어떤 요소로 이루어져 있는가를 확인하는 것이다. 관찰 대상을 둘러싸고 있는 모든 환경 들을 관찰한다. 인테리어나 조명, 분위기 등 모든 환경 들이 포함된다. 카페에서 결제하는 위치의 조명이라던지 분위기를 관찰하거나 자리에 앉아서 공부나 작업을 하고 있는 손님의 주변 인테리어 등을 관찰하는 것을 예로 들 수 있겠다.

[I] Interactions

소비자와 공급자가 만나서 어떤 상호작용을 하는지 관찰하는 것이다. 관찰 대상의 주변에 대한 상호작용들을 관찰한다. 주변 사람과 특정장소에서의 반응들을 관찰한다. 매장 내에서 키오스크를 통해 주문을 하거나 매장 직원과 대화를 하며 주문을 하는 등의 모든 내용이 포함된다고 할 수 있다.

[O] Objects

주변 환경에서 볼 수 있는 물건이나 그 주변에 뭐가 있었는지 확인하는 것이다. 관찰 대상 주변의 모든 사물들을 이야기한다. 주변 환경에서 볼 수 있는 물건들은 무엇인가? 특이하거나 재미있는 사물 등 다양한 사물을 관찰한다. 스타벅스 계산대에서 데스크 위에 물건의 위치가 어떻게 배치되어 있는지, 어떤 종류의 물건들이 놓여 있는지 등을 관찰한다.

[U] Users

소비자가 만나는 사람은 누구인지 관찰하는 것이다. 관찰 대상뿐만 아니라 그 주변에 있는 인물들의 옷차림, 물건들이 모두 포함된다. 구성원과 그 관계 등도 모두 관찰 대상에 포함된다.

●●● 관찰과 공감

　삼성전자는 액티브워시를 개발하기 위해 '아기가 있는 집에서 엄마들은 어떻게 빨래를 할까?'라는 의문을 가졌고, 여기서부터 생각을 하기 시작했다. 삼성전자는 아이가 있는 집의 엄마들을 관찰하기 시작했는데, 거의 대부분 애벌빨래를 마친 후 세탁기에 넣는 모습이 관찰되었다. 아기 옷을 손으로 애벌빨래하고 그 후에 그 세탁물을 다시 세탁기로 옮겨가는 불편함을 관찰하게 된 것이다.

　고객의 숨은 니즈와 공감을 위한 관찰이 잘 이루어진 삼성전자의 액티브워시는 본 빨래 이전에 애벌빨래를 할 수 있는 기능을 세탁기에 추가해 소비자로부터 큰 호응을 얻었다. 이는 관찰을 통해 고객의 무의식을 들여다본 좋은 예시라고 할 수 있다.

미국 대형 은행인 뱅크 오브 아메리카Bank of America는 저축 계좌의 수를 늘려야 한다는 미션을 수립했다. 이자나 수수료 혜택만으로는 획기적으로 저축 계좌가 증가하는 데는 한계가 있다는 점을 알고 있었기에 IDEO 사에 컨설팅을 의뢰했다. IDEO는 관찰기법을 통해 소비자들의 구매 행동 패턴을 파악했다. 그러자 소비자들은 잔돈을 처리하는 일을 상당히 불편해한다는 것을 알 수 있었다.

많은 사람들이 잔돈을 그냥 저금통에 넣어버리거나 가지고다니기 불편해하기 때문에 돌려받아야 할 잔돈을 저축 계좌에 입금 시켜주는 시스템을 도입했다. 이 덕분에 2008년을 기준으로 500만 명의 가입자를 늘릴 수 있었고, 5억 달러의 예치금을 확보할 수 있었다.

뉴욕 소호에 위치한 나이키 매장인 Nike by You Studio에서는 90분 안에 고객에게 맞춤형 스니커즈를 제공한다고 한다. 방문객들은 특별히 제작된 새로운 공간에서 나만의 신발을 만들 수 있다.

소호매장 5층에 하프코트 농구 시험장이 있는데 그 곳은 실제 농구 연습을 하는 것 같은 느낌을 소비자에게 제공한다. 여기서 소비자의 데이터를 수집해 최적의 맞춤형 운동화를 추천해준다.

이는 고객에게 잊지 못할 경험을 선사하는 동시에 숨은 니즈를 찾고 공감을 진행하기 위한 관찰이 잘 이루어진 케이스라 할 수 있다.

●●● 인터뷰

인터뷰Interview의 질문 스킬에 대해 알아보자. 인터뷰에는 닫힌 질문과 열린 질문이 있다. 닫힌 질문은 객관적인 데이터가 필요할 경우에 정해진 대답으로만 말할 수 있도록 질문한다. 예를 들면 "만약 이 상품이 출시 되었을 때 이걸 필요하다고 판단할 고객이 60% 이상일까요?"라던지, "고객의 비율이 4:6에 가까울까요? 아니면 3:7에 더 가까울까요?"라는 식으로 정해진 답 중 하나를 고를 수 있게끔 질문한다.

열린 질문은 사용자의 주관적인 의견이나 느낌을 물어볼 때 Yes나 No의 선택지 없이 주관식으로 답할 수 있도록 하는 질문이다. 예를 들면 "이 상품을 처음 보았을 때 어떤 느낌이 드셨나요?"와 같은 방식이다. 객관적인 데이터보다 감정에 충실한 답변을 얻길 원한다면 열린 질문을 활용하는 것이 좋다.

게릴라 인터뷰에 대해 알아보자. 게릴라 인터뷰는 따로 대상자를 섭외하지 않고 바로 현장으로 나가 즉석 인터뷰를 진행하는 것을 의미한다. 최대한 많고 다양한 사람들을 만나서 중요한 질문 중심으로 인터뷰를 수행하는 것이 좋다. 인터뷰에 관심을 갖고 성실하게 임해줄 사람을 찾아내기 위해 계속 시간을 보내야 한다. 여기서 중요한 점은 최대한 많은 사람을 만나라는 것이다.

5 Why에 대해 알아보자. 5 Why는 도요타자동차의 창업자 도요타사 카치가 창안한 방법으로 특별 문제의 원인과 결과를 탐색하는 데 사용되는 반복적인 질문 기법이라고 할 수 있다. 한 번 질문으로 끝내지 않고 진짜 원인을 발견해 낼 때까지 5번 이상 반복하여 질문하는 것이다. 질문과 답변의 예시는 다음과 같다.

ex) 차량의 시동이 걸리지 않습니다.

1) Why? 배터리가 소모되었습니다. 1번째 이유
2) Why? 교류발전기가 작동하지 않습니다. 2번째 이유
3) Why? 교류발전기 벨트가 파손되었습니다. 3번째 이유
4) Why? 교류발전기 벨트가 사용수명을 훨씬 넘어서 교체되지 않았습니다. 4번째 이유
5) Why? 권장 서비스 일정에 따라 수리를 받지 않았습니다. 5번째 근본적인 이유 발견

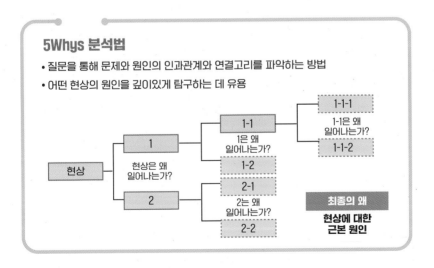

5Whys 분석법
• 질문을 통해 문제와 원인의 인과관계와 연결고리를 파악하는 방법
• 어떤 현상의 원인을 깊이있게 탐구하는 데 유용

뒤섞이기Immerse에 대해 알아보자. 이는 사용자와 함께 섞여 생활하고 느끼며 공감하는 방법이다. 페트르샤 무어는 유니버셜디자인의 개념을 만든 디자이너이며 어린 아이부터 노인까지 편안하게 사용할 수 있도록 제품을 디자인 했다. 무어는 노인의 일상을 이해하기 위해 노인 분장과 노인 연기를 했고 자신의 몸을 일부러 불편하게 만들었다.

솜마개로 귀를 틀어막아서 잘 들리지 않는 청력상태를 유지했고, 뿌연 안경을 써서 노인들의 불편한 시력까지 체험했다. 더불어 길을 걸을 때에도 지팡이에 의존하며 걸으면서 다른 노인들과 함께 교류하고 생활했다.

그렇게 3년이라는 시간이 흘러 옥소라는 브랜드를 통해 유니버셜 주방 용품이 탄생했다. 남녀노소 누구나 손쉽게 사용할 수 있는 탁월한 그립감으로 편안하며 안전하게 사용할 수 있었다.

　시각장애인을 위한 시계인 브래들리 타임 피스가 있다. 이는 눈으로 시간을 보는 게 아니라 손으로 만져서 시간을 알 수 있는 시계이다. 장애인에 대한 새로운 시각에서 공감하기를 통해 만들어진 결과이다. 겉보기에는 일반 손목시계와 다를 바가 없다. 장애와 비장애의 경계를 허문 시계가 탄생했다.

공감하기에 실패한 사례도 있다. 구글글래스는 2013년 구글이 획기적인 웨어러블 제품이라고 출시한 상품이다. 하지만 고객이 진정으로 원하는 가치와는 거리가 먼 제품이었다. 사용자들이 자신의 모습을 찍고 메시지를 보내고, 날씨와 교통 정보를 실시간으로 확인하는 등 다양한 기능을 제공했으나, 음성으로 작동하는 기기였기에 사용자는 길을 걸으며 "OK구글, 오늘 날씨 알려줘." 등 음성 명령을 내려야 해서 사용하기 불편한 상황이 연출됐다. 미국 MIT테크놀로지 리뷰는 21세기 최악의 기술 중하나가 이 구글 글래스라고 꼽은 바 있다.

구글이 사람들 행동 양식과 사고 방식에 대해 진정으로 공감하지 못하고 제품을 개발했다고 볼 수 있다.

●●● 페르소나 기법

페르소나Persona의 사전적 의미는 그리스 어원의 '가면'을 나타내는 말로 '외적 인격' 또는 '가면을 쓴 인격'을 뜻한다. 페르소나 기법은 다양한 사용자의 유형을 대표하는 가상의 인물을 만들어내는 것이다. 나이와 성별, 취미, 성격 등의 내용을 설정한 특정 고객 캐릭터를 만든 다음 그 캐릭터 1명을 100% 만족시키는 전략을 구사하는 것이다.

이는 고객을 먼저 파악한 뒤에 그 고객에게 알맞은 정보를 주는 방법이다. 고객 리서치를 진행한 후에 그 내용을 종합해서 1명의 페르소나를 만든 뒤 페르소나의 프로필을 구성한다.

페르소나를 설정하여 그 사람을 만족시키는 전략을 취하게 되면 잠재 고객 집단의 범위는 축소될지라도 타깃의 만족도는 높아지게 된다. 다시 말해 페르소나란 우리 브랜드를 이용할만한 유형 집단을 대표하는 캐릭터라고 할 수 있다.

 배달의 민족을 운영하는 우아한형제들은 페르소나 기법을 활용해 타킷을 설정했다고 한다. 배달의 민족은 서비스를 준비하면서 배달 음식을 주로 누가 시키는지 조사했다. 그러자 대부분 조직의 막내가 배달을 시킨다는 걸 확인하게 되었다. 조직의 막내는 2~30대 사회 초년생이 대부분이었고, 그들은 그때 당시 TV프로인 '무한도전'에 열광하는 정서를 가지고 있을 것이라고 캐릭터를 설정했다. 이는 타깃 고객층의 라이프 스타일을 설정한 페르소나라고 할 수 있다.

 결국 무한도전의 전반적인 분위기인 'B급 정서'가 배달의 민족의 전체적인 콘셉트가 되었고, 조직의 막내 취향을 저격한 배달의 민족은 성공가도를 달리게 되었다.

CHAPTER

09

정의하기

 문제 정의는 공감하기 단계에서 알게 된 통찰을 통해 해결해야 할 문제를 찾는 과정이며 수렴적 사고 단계이다. 공감하기를 바탕으로 알게 된 통찰을 바탕으로 고객의 입장에서 올바른 질문을 통해 진짜 문제를 파악하고 한 문장으로 정의한다.

 문제 정의에는 3가지 속성이 있다.

 - **Real:** 진짜로 해결이 필요한 문제인가?
 - **Valuable:** 보다 많은 가치가 창출되는가?
 - **Inspiring:** 나 또는 사회에 영감이나 자극을 주는 문제인가?

⟨Real⟩

진짜 해결이 필요한 문제인가를 확인해야 한다. 앞장에서 예를 든 구글글래스는 출시 당시에는 혁신적인 상품이라며 일부 마니아 층에게 엄청난 환영을 받았다. 하지만 구글글래스는 사람들이 원하는 문제를 해결해주는 제품은 아니었다. 구글글래스는 철저히 공급자 중심적인 관점에서 제작되었기에 고객에게 외면받았다.

⟨Valuable⟩

보다 많은 가치가 창출되는가를 확인해야 한다. 이는 고객의 입장에서 정말 가치가 있어야 할 뿐만 아니라 이해관계자의 입장에서도 가치가 있어야 한다.

〈Inspiring〉

나 또는 사회에 영감이나 자극을 주는가를 확인해야 한다. 오토바이회사인 할리데이비슨은 마니아를 거느린 유명 브랜드였지만 1970년대에 야마하와 혼다 오토바이가 등장하면서 매출이 하락했다. 경영에 어려움을 느낀 할리 데이비슨은 혼다처럼 날렵한 디자인으로 제품 디자인의 변화를 주기 시작했다. 하지만 결과는 좋지 않았고 할리 데이비슨은 더 힘들어졌다. 결국 할리데이비슨은 오리지널을 되찾아 본래 모습으로 돌아갔고 다시 든든한 마니아층을 거느리며 승승장구할 수 있었다.

그렇다면 이제 문제 정의를 어떻게 해야 할까? 문제 정의에 필요한 질문법을 표로 정리했다.

해결해야 할 문제가 무엇인가?	
우리들이 지향하는 곳은 어디인가?	
도움을 줄 대상자는 누구인가?	
가치 제안 요소(Value Proposition)는 무엇인가?	
우리들은 어떤 상황에 있나?	
어떻게 그 일(그것)이 발생했는가?	

●●● 문제 정의 방법론

문제 정의 방법론에는 고객의 입장에서 문제를 바라보는 Point of View 와 고객의 불편을 찾는 How Might We, 그리고 추상적인 답변과 구체적 인 소비자 행동을 파악할 수 있는 Why – How Laddering이 있다.

〈Point of view〉

공감하기 단계에서 발견된 모든 통찰과 고객의 니즈를 통합해 실제 실행 가능한 문제로 만들어 내는 것이다. 고객이 바라는 수준으로 문제를 해결하여 감동할만한 가치를 작성한다.

Point of View에는 User와 Need, 그리고 Insight$_{Because}$가 있는데 이 내용에 대해 자세히 알아보도록 하자.

User: 고객에 대한 특징 묘사

페르소나 등을 활용해 고객의 입장에서 문제를 바라본다.

Need: 현재 고객이 불편하다고 느끼는 상황

문제를 해결하기 위한 목적을 설정한다.

Insight$_{Because}$: 불편한 이유를 설명

고객이 바라는 수준으로 문제를 해결하여 감동할 만한 가치를 작성한다.

Point of View POV의 필요성은 현재 우리가 어디에 있으며 앞으로 어디로 가야 할지를 알려주는 지도의 역할을 한다는 데 있다. 또한 우리가 무엇에 집중해야 할지를 알 수 있는 '깃발'의 역할을 한다. 잘 작성된 POV는 함께하는 동료들에게 영감을 불러 일으킨다.

그럼 POV를 사용하여 하나의 예시를 들어보자.

User	Need	Insight
10대 여자아이들이 건강한 삶을 살 수 있게 하려면 영양가 있는 음식을 먹여야 한다.		

위 예시를 참고해 다음 빈칸을 직접 작성해보자.

User	Need	Insight

⟨How Might We⟩

1970년대 초 P&G에서 일하던 민 바사더Min Basadur에 의해 고안된 기법이다. 올바른 질문을 찾는 데 쓰인다. 경쟁사 제품을 따라잡기 위해 "어떻게 하면 더 나은 초록색 스트라이프 비누를 만들 수 있을까?"를 고민했지만 좋은 아이디어가 나오지 않았다. 이때 "어떻게 하면 소비자에게 좀 더 상쾌한 느낌을 주는 비누를 만들 수 있을까?"라는 훨씬 확장된 긍정적 질문을 제시했다. 그러자 몇 시간 만에 수백 가지의 창의적인 아이디어가 도출됐고, 창의적인 제품을 만드는 데 성공했다. 질문 방식의 사소한 변화가 만들어 낸 성과였다.

여기서 중요한 점은 문제를 재정의 한다는 것이다. 질문의 범위가 너무 넓으면 답이 안나온다. 가령 "어떻게 하면 고객이 즐겁게 여행할 수 있게 도울까?"와 같은 질문이다. 반면에 질문의 범위가 너무 좁으면 뻔한 답이 나온다. "어떻게 하면 고객이 회사의 앱에 쉽게 접속할 수 있을까?" 질문의 범위가 너무 넓거나 좁지 않게 문제를 잘 정의해야 한다.

How	Might	We
How는 우리에게 아직 답이 없다는 것을 암시하며 다양한 탐구방법을 일깨우게 된다.	Might는 가능한 여러 해결책을 제시할 수 있게 해주며 아이디어를 내는 사람들에게 보다 긍정적인 가능성을 열어준다.	We는 혼자가 아닌 모두의 아이디어를 팀워크를 통해 발전할 수 있도록 자극하는 역할을 한다.

이런 How Might We의 기법을 활용해 문장을 만들면 다음과 같다.

How Might We
어떻게 하면 우리는 10대 여학생들에게 어필할 수 있는 건강한 식사를 만들 수 있을까?

How Might We에는 주의할 점이 있다. 먼저 질문의 내용이 당장의 어려움을 해결하려 하기보다는 아직 충족되지 않은 고객의 핵심 니즈를 담는 것이 좋다.

- **불편함:** 어떻게 하면 비누의 안좋은 냄새를 제거할 수 있을까?
- **핵심니즈:** 어떻게 하면 상쾌한 느낌을 주는 비누를 만들 수 있을까?

How Might We와 관련된 다음의 예시를 보자.

How Might We
어떻게 하면 영양가 있는 음식을 좀 더 저렴하게 만들 수 있을까?

이 예시를 참고하여 How Might We의 빈칸을 작성해보자.

How Might We

<Why - How Laddering>

문제의 본질을 파고들어 보다 깊은 인사이트를 도출하기 위한 기법이다. Why와 함께 How를 계속해서 질문하다 보면 점점 깊은 생각과 디테일한 수준으로 진화할 수 있다.

일반적으로 왜? 라는 질문에는 추상적인 답변이 나오지만, 어떻게? 라는 질문에는 좀 더 구체적인 답변이 나온다. 왜? 는 사다리를 타고 올라가서 좀 더 구체적인 감정이나 니즈를 발견한다. 어떻게? 는 땅에 가까워지며 조금 더 구체적인 니즈를 만족시키기 위해 소비자 행동이 나온다.

●●● 이해관계자 지도

　이해관계자 지도를 활용하는 건 우리가 알게 된 이해관계자들을 중심으로 자원을 확인하고 확보하기 위해 필요한 과정이다. 해결하고자 하는 문제를 중심으로 이해관계자 맵을 작성한다. 이를 통해 우리가 보유하고 있는 인적자원을 빠르게 확인하여 향후 어떠한 이해관계자들이 핵심이 될 수 있을지 파악할 수 있다. 즉, 우리가 발견한 문제와 가장 맞닿아 있고, 친밀한 관계를 가진 사람을 파악하는 것이 중요하다.

　여기서 핵심 이해관계자를 파악하는 것이 가장 중요하다고 할 수 있다.

이해관계자 지도의 작성 팁을 보자.

먼저 카레고리를 만든다. 더 빠르고 효율적인 브레인스토밍을 위해 이해관계자를 구분할 수 있는 카레고리를 추가해서 만든다. 핵심대상, 직접적 이해관계자, 간접적 이해관계자 이외에 또 다른 카레고리를 추가한다.

두 번째로는 최대한 빠르고 많이 만드는 것이다. 최대한 빠르고 많이 브레인스토밍을 진행한 후 이를 분류한다. 처음부터 바로 분류하기보다 최대한 많은 이해관계자들을 적어낸 후 카레고리에 맞게 배열하는 것이 보다 효과적이다.

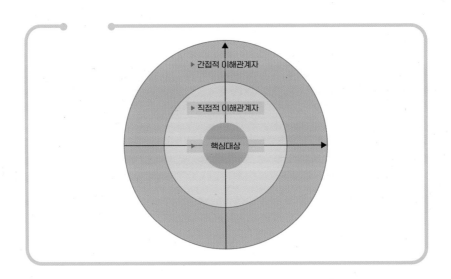

1. 원의 중심에 핵심 대상을 적는다.

2. 포스트잇에 핵심대상을 기준으로 가까운 영역에 직접적인 이해관계
   자를 기록하고, 멀어질수록 간접적인 이해관계자를 적는다.

3. 직접적 혹은 간접적인 구분에 따라 포스트잇을 나열한다.

4. 각 이해 관계자들 사이에 어떤 관계성이 있는지를 표시해본다.

5. 관계성에 따라 이해관계자를 그룹화 해본다.

6. 공통 관심사나 중요도, 영향력, 세부 특징을 구분해본다.

7. 각 그룹별 중점을 두는 가치를 파악해본다.

핵심 대상이 만약 청바지를 많이 입는 20대 대학생이라면, 직접적 이해
관계자는 청바지 동호회가 될 수 있을 것이고, 간접적 이해관계자는 대학
생의 가족들이 될 것이다.

●●● 가치제안 지도

　고객에게 제공할 제안 가치들을 영역별로 구분하고 정리하여 구체적인 의미를 나타낸다. 우리의 고객이 누구인지 확인하고, 그들이 원하는 것이 무엇인지 알 수 있으며, 이를 기반으로 어떻게 우리가 가치를 제안할 것인지 방향을 잡을 수 있다. 여기서 가장 중요한 건 제품 및 서비스에 대한 가치를 충분히 이해하는 것이다.

　가치 제안 지도작성의 세 가지 요소가 있는데 유용성, 사용성, 감성이다. 유용성은 고객들의 요구를 해결해 줌으로써 발생하는 효과적인 측면이고, 사용성은 해당 서비스를 이용하는 과정 자체가 효율적일 때 제공되는 가치를 뜻한다. 감성은 제품 사용시 느껴지는 감정적인 혜택을 말한다.

You + Year Summary

Education : SG Event)
/DE

All Hands ➔ later on m

Strategy : Year E PICANHA

➔ Dine   Dinero

➔ Christine

➔ Tina(?)

➔ Sijong

CHAPTER

10

아이디어

브레인스토밍은 정해진 주제에 대해 머릿속에서 소용돌이처럼 맴도는 아이디어들을 두서없이 나열하는 아이디어 확산 기법이다. 여기서 주의할 점은 상대방이 낸 아이디어에 대해 비난이나 비판을 하지 말아야 한다는 점이다. 브레인스토밍에서 중요한 점은 질보다는 양에 중점을 둬야 한다는 것이다.

브레인스토밍의 정의와 그 목적에 대해 알아보자. 1941년 미국의 한 광고회사 부사장인 알렉스 오스번이 제창해 그의 저서 '독창력을 신장하라'_1953로 널리 소개되었다. 팀이나 그룹 단위의 여러 사람들이 집단적으로 모여서 공동의 주제에 대해 서로 의견을 주고받으며 생각을 발전시키고 집합 사고를 극대화하는 방식이다. 보다 많은 다른 사람의 의견을 듣고 그들의 주장을 이해하고 노력하여 함께 새로운 아이디어로 발전시킨다.

브레인스토밍에는 4S라고 하는 4가지 기본적인 규칙이 있다.

- **Support (비판금지)**
- **Silly (자유분방한 아이디어)**
- **Speed (최대한 빠르고 많이)**
- **Synergy (타인의 아이디어와 시너지)**

브레인스토밍의 기본원칙에는 미국 IDEO사가 세운 7가지 원칙이 있다.

1. 초점을 명확히 한다. (고객의 요구나 서비스에 집중해서 문제를 명확히 제시한다)

2. 규칙을 만든다. ('질보다는 양을 추구', '엉뚱한 아이디어도 격려', '시각화하라'등의 규칙을 제시)

3. 아이디어에 번호를 매긴다.

4. 아이디어의 창출이 정체될 시에는 사회자가 다른 이슈로 건너뛸 것
   을 제안한다.

5. 아이디어를 기록하기 위해 모든 공간을 활용하라.

6. 워밍업 시간을 갖는다.

7. 온몸을 활용하라. (스케치를 하거나 모델을 만든다)

브레인스토밍의 시행과정은 6가지로 정리해볼 수 있다. 내용은 다음과 같다.

1. 안건 및 주제 선정 그룹당 5~7명 정도
2. 목표를 명확히 정한다.
3. 규칙을 정해서 알려준다. 4S
4. 편안한 분위기를 조성한다.
5. 아이디어 분류와 정리 키워드 분류 후 연상 키워드로 재분류
6. 최종 문제 해결 아이디어 기록

브레인라이팅은 아이디어를 세우기 위한 지렛대 같은 방법론으로 브레인스토밍과 유사하지만, 그에 비해 소극적인 사람의 참여를 유도할 수 있고 개인의 지배적인 영향력을 줄일 수 있는 방법이다. 말을 하는 브레인스토밍과는 달리 생각을 하고 글을 쓰는 방식으로 이루어진다.

브레인라이팅에는 635법칙이 있다.

- **6명의 사람이**
- **3개의 아이디어를**
- **5분안에 낸다**

이 과정을 6번 반복한다. 그러면 30분 동안 108개의 아이디어를 도출할 수 있다.

브레인라이팅의 작성방법은 다음과 같다.

1. "어떻게 할 것인가"와 같은 문제를 정의한다.

2. 5분 이내로 각 참가자는 1행에 아이디어 3개를 적는다.

3. 5분이 지나면 오른쪽 방향으로 종이를 돌린다.

4. 2행에 아이디어 3개를 적는다. 이때 이전 참가자가 쓴 아이디어를 보고 이를 발전시키거나 완전히 다른 아이디어로 제안할 수 있다.

5. 다시 5분이 지나면 오른쪽으로 종이를 돌리고 3행에 아이디어를 기입한다.

6. 양식이 전부 채워지면 괜찮은 아이디어를 모두가 평가하며 표시한다.

브레인스토밍과 브레인라이팅을 서로 비교해보면 먼저 브레인 스토밍은 대화를 통한 발상이라는 점이 다르다. 브레인라이팅은 대화가 아닌 글쓰기를 통해 아이디어를 발산한다.

브레인스토밍은 단시간에 다양한 생각을 펼칠 수 있다는 장점이 있는데 양을 우선시하며 아이디어를 늘려나갈 수 있다. 반면 브레인라이팅은 30분 동안 108개의 아이디어를 얻을 수 있으며 모두에게 평등한 의견제시의 기회가 주어진다. 브레인스토밍보다 조용하고 편안한 분위기에서 진행이 가능하다.

브레인스토밍의 단점으로는 발언권이 한 사람에게 독점적으로 주어질 수 있다는 점이 있다. 그리고 특정 아이디어로 의견이 몰리며 한쪽으로 치중될 수 있다는 점도 있다. 반면 브레인라이팅은 분위기가 침체될 수 있고 아이디어 발산과정에서 전체적인 흐름을 파악하기가 어렵다.

스캠퍼는 미국의 교육학자 밥 에벌이 1971년 고안한 창의적인 사고 기법이다. 사고의 출발점이나 문제해결의 착안점을 아래 7가지 질문의 형태로 미리 정해두고, 그에 따라 다각적인 사고를 전개한다. 브레인스토밍에 비래 구체적이고 실현 가능한 대안을 도출할 수 있다는 장점이 있다.

Substitute	대체하기
Combine	결합하기
Adapt	응용하기
Modify	수정하기
Put to other uses	다른 용도로 사용하기
Eliminate	제거하기
Rearrange	재정렬하기

●●● 수렴단계

수렴단계에는 친밀감 지도, 우선 순위 지도, 아이디어 평가의 세가지 단계가 있다. 먼저 친밀감 지도Affinity Diagram는 공통점이 있는 자료들을 그룹화하고 그 안에서 인사이트를 뽑아내는 방법론이다. 방대한 데이터 사이에서 의미있는 규칙을 발견하는 그룹핑 기법이다. 많은 아이디어들 중 어떤 아이디어가 더 친밀도가 높은지를 근거로 해서 그룹핑한다. 개인보다는 팀 중심도구에 더 가깝다. 신중하게 접근하기보다는 직감을 앞세워 속도감 있게 진행하는 것이 좋다.

친밀감지도 프로세스는 첫째, 해결해야 할 문제를 명확히 정의한다. 둘째, 관련 데이터를 포스트잇에 적어 나열한다. 셋째, 관련성 높은 포스트잇끼리 그룹핑한다. 넷째, 중복되거나 가치 없는 포스트잇은 제거한다. 다섯째, 그룹핑 된 포스트잇에 제목을 부여한다. 여섯째, 상관성을 분석하여 필요하다면 다시 그룹핑한다. 일곱째, 개별에서 보지 못한 통찰을 얻기 위해 노력한다.

우선순위지도Prioritiztion Map 는 미래의 실행을 위해 어떤 아이디어를 가지고 진행여부를 정보에 입각해 의사결정을 내리는 데 참고하는 것이다.

사용자의 혜택 수준에 대비 실행 가능 여부에 근거해 아이디어 지도를 그린다. 우선 순위 결정 지도위에 가지고 잇는 모든 아이디어를 그려 넣는다. 그 다음 어떤 아이디어가 진행하기 좋은지를 결정한다. 일반적으로 실행하기 쉽고, 많은 혜택이 있는 아이디어를 먼저 진행한다. 마지막으로 실행할 의도가 있는 다른 아이디어를 결정한다. 많은 혜택의 아이디어이지만 실행하기 어려운 아이디어는 미래 로드맵을 위한 관점에서 유지한다. 반면 적은 혜택의 몇몇 아이디어는 버린다.

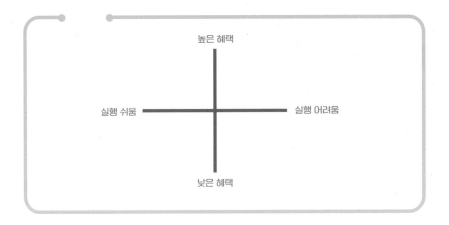

아이디어 평가Idea Evaluation는 이해관계자들과 함께 아이디어를 선택하거나 평가할 때 사용한다.

아이디어를 통한 발명은 지금까지 존재하지 않았던 것을 새롭게 창출해내는 것이다. 과학적 창의와 기술적인 아이디어를 통한 새로운 방법, 물질을 창조하는 것이다. 이와는 다르게 발견은 미처 찾아내지 못했거나 아직 알려지지 않은 사물이나 현상, 사실 등을 찾아내는 것을 의미한다. 보통 발명은 발견을 거쳐서 완성되어지는 경우가 많다.

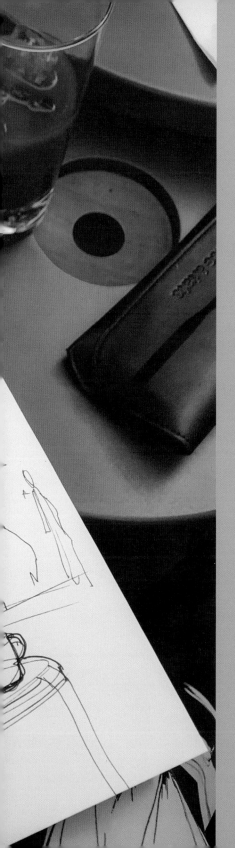

CHAPTER

11

프로토타입

프로토타입Prototype은 아이디어나 해결책을 이해관계자나 최종 사용자에게 시각적으로 보여주고 입증 할 수 있는 기회를 제공한다. 그래서, 사람들에게 더 쉽게 아이디어나 해결책을 이해시킬 수 있다. 뿐만 아니라 개선점을 얻을 수 있고 피드백도 얻을 수 있다.

테스트를 위한 프로토타입
은 오류를 줄여줄 뿐 아니라
제작의 모든 프로세스의 비
용을 절감해준다.

비행기를 발명한 라이트 형제는 탑승
이 가능한 비행기 제작 이전에 프로토타
입으로 연을 만들어서 날리며 제품의 기
능을 검증했다고 한다.

레오나르도 다빈치는 스케치를 하면서 여러 건축물들에 대한 프로토 타입을 제작했다. 프로토타입을 통해 좋은 결과물을 얻을 수 있었기에 그 중요도가 더욱 높다.

프로토타입의 재료는 어떤 것이든 관계없다. 종이로 만들어도 되고 간단한 스케치부터 공장에서 직접 만들어온 물건까지 모두 가능하다.

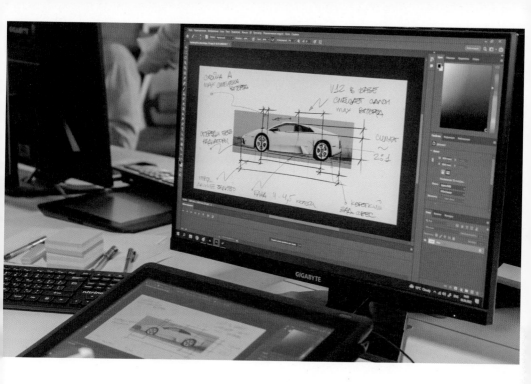

프로토타입을 만드는 목적은 우리가 간과하고 있는 부분을 발견할 수 있다는 점이 있다. 이와 더불어 아이디어에 대한 사용성과 새로운 기능도 발견할 수 있다.

　프로토타입은 간단하면서도 재료의 제약이 없기 때문에 멋지게 잘 만들려고 노력할 필요가 없다. 지금 당장 만들 수 있고 내 책상 위에 있는 모든 재료로도 만들 수 있어야 한다.

　　진짜가 아닌 가짜를 만들 수 있는 방법을 찾는 것이 바로 프로토타입
이다. 값비싼 부품이나 복잡한 과정이 생략된 시제품을 만드는 것이 중요
하다.

프로토타입은 러프 스케치로도 대신할 수 있고 종이나 박스, 끈과 같은
재활용품으로도 얼마든지 제작해볼 수 있다.

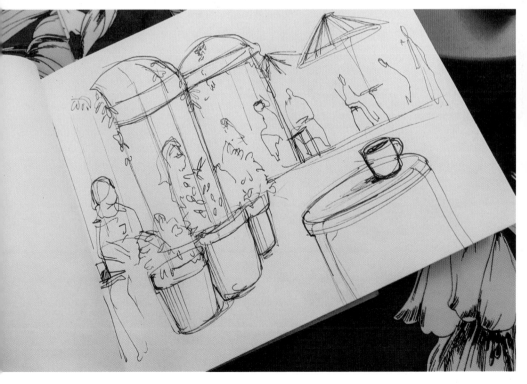

CHAPTER

12

테스트

테스트는 제작한 프로토타입을 바탕으로 이해관계자들을 상대로 테스트를 진행하여 핵심 기능이 제대로 구현되는지를 확인하는 과정이다.

테스트를 하는 목적은 최종 사용자의 기대치를 충족시키기 위해서 프로토타입을 검증하여 과정을 반복하는 데 있다. 또한 얻은 피드백을 평가해 최종 사용자와 그 결과에 대해 의사소통을 하기 위함이다. 빠른 시도와 피드백이 중요하다.

테스트를 진행하면서 그동안 예측하지 못했던 결함이나 문제점을 확인한 뒤 다시 4단계 프로토타입으로 돌아가서 제작하고 테스트하고를 반복하면서 완벽한 제품으로 만들어간다.

테스트를 진행하는 방법은 먼저 핵심 기능이 구현되어진 프로토타입을 사용자가 실제로 사용하게 한다. 그 다음 사용 피드백을 받아서 개선점을 찾거나 공감하기 단계로 돌아간다. 이럴 경우 최대한 빠르고 쉽게 실패하고 다시 프로세스를 반복한다.

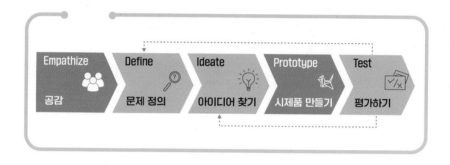

디자인씽킹은 진행하면서 대상을 이해해가는 프로세스이다. 즉, 대상을 완전히 이해하고 나서 진행하는 과정이 아니다. 테스트를 진행했을 때 반응이 별로라면 그건 제품의 실패가 아닌 대상의 니즈를 새롭게 파악하게 된 것이라 보면 된다.

테스트 단계는 제품 출시 전 사용자에게 미리 참여 기회를 만드는 프로세스이다. 고객과 동떨어진 상태로 제품을 기획하고 출시하기보다는 사용 당사자인 고객이 직접 개발에 참여하여 피드백을 할 수 있는 기회이다.

테스트는 프로토타입을 이용하며 소통하기 때문에 보다 구체적이고 직접적인 의견을 들을 수 있는 기회가 된다.

테스트에 참여하는 사용자가 테스트하면서 좋았던 점 및 개선이 필요한 점을 모두 말할 수 있도록 해야한다.

참고문헌

기업가 정신과 창업 창업을 디자인하라 (유순근, 2021, 무역경영사 출판)

기업가 정신과 창업경영 (유순근, 2016, 비앤엠북스)

기업가 정신과 창업(황보윤 외, 2022, 이프레스)

스타트업 기업가 핸드북 (임연호, 2020, 다본)

성공을 부르는 창업노트 (박균호, 2022, 북바이북)

장기민

서울대학교 <MZ세대를 위한 경제교육> 강의
경희대학교 후마니타스칼리지 외래교수
한양대학교 디자인대학 <디자인창업론> 강의
국민대학교 경영대학 <세종대왕의 디자인씽킹> 강의
인하대학교 창업지원단 <퍼스널브랜딩> 강의
인천대학교 창업지원단 <책쓰기를 통한 대학생 창업> 강의
명지대학교 <장기민의 디자인경제학> 발행
계원예술대학교 공간연출과 외래교수
인덕대학교 교양교육혁신센터 외래교수

NAVER
| 장교수   ▼

https://jangkimin.com

- 최근 주요 논문 및 저서
- 주요논문
  도시디자인의 창업적 특성에 관한 연구, KCI등재
  청라국제도시의 수변공간을 중심으로 한 도시디자인의 구조주의적 특성 연구, KCI등재
  디자인경영에 의한 현대카드 복합문화공간의 특성연구, KCI등재

- 주요저서
  플랫폼씽킹, 플랜비디자인, 2023
  하버드씽킹, 딥앤와이드, 2022
  홍대 앞은 왜 홍대를 다니지 않는 사람들로 가득할까, 리드리드, 2020
  10대의 진로를 위한 디자인경제, 글라이더, 2020

- 수상
  제26회 시장경제칼럼 공모전 대상
  경향닷컴 디자인 · 광고 부문 유망브랜드 대상

- 전시
  개인전 STAY & DESIRE(2021)

- 언론활동
  매일경제 <장기민의 디자인경제> 칼럼니스트
  중부일보 경제와 삶 <디자인경제> 필진
  중부일보 창업평론가
  조세금융신문 시사경제분야 전문위원
  밥메거진 <디자인경제학>, <하버드씽킹> 칼럼니스트
  인천광역시청 인터넷신문 객원기자
  부천시청 시정소식지 객원기자

- 산업체
  (현) 스타트업팩토리 대표
      서울창업연구소 대표
  (전) 디자인경제연구소 대표
      도시디자인연구소 대표
      디자인링크 대표
      브라운아이디어소울 대표

- 주요특강
  청년창업
  퍼스널브랜딩
  기업 · 중소기업 브랜딩
  자기 계발
  책 쓰기
  청년 커리어 개발 등

출강문의   스타트업팩토리

📞 070-7642-8808
✉ shoeface@daum.net

모든 비즈니스는 창업이다

초판발행	2023년 3월 15일
지은이	장기민
펴낸이	안종만·안상준
편 집	양수정
기획/마케팅	손준호
표지디자인	이소연
제 작	고철민·조영환
펴낸곳	(주)박영사
	서울특별시 금천구 가산디지털2로 53, 210호(가산동, 한라시그마밸리)
	등록 1959. 3. 11. 제300-1959-1호(倫)
전 화	02)733-6771
f a x	02)736-4818
e-mail	pys@pybook.co.kr
homepage	www.pybook.co.kr
ISBN	979-11-303-1746-5 93320

* 파본은 구입하신 곳에서 교환해 드립니다. 본서의 무단복제행위를 금합니다.
* 저자와 협의하여 인지첩부를 생략합니다.

정 가   19,000원